DE LA ORACION SIMPLE
A LA ORACION COMPUESTA:
CURSO SUPERIOR DE GRAMATICA ESPAÑOLA

Héctor Campos
Georgetown University

GEORGETOWN UNIVERSITY PRESS / WASHINGTON, D.C.

Library of Congress Cataloging-in-Publication Data

Campos, Héctor.
  De la oración simple a la oración compuesta : curso superior de
  gramática española / Héctor Campos.
    p.   cm.
  1. Spanish language—Sentences.   2. Spanish language—Clauses.
I. Title.
PC4375.C36   1993
468.2—dc20   92-45723
ISBN 0-87840-240-3

Georgetown University Press, Washington, D.C.   20057-1079
© 1993 by Georgetown University Press. All rights reserved.
PRINTED IN THE UNITED STATES OF AMERICA
10 9 8 7 6 5 4 3 2   1993
THIS VOLUME IS PRINTED ON ACID-FREE ∞ OFFSET BOOK PAPER.

A mis padres

La diferencia entre la escritura humana y la divina consiste en que el número de signos de la primera es limitado mientras que el de la segunda es infinito; por eso el universo es un texto insensato y que ni siquiera para los dioses es legible. La crítica del universo (y la de los dioses) se llama gramática.

Octavio Paz, *El mono gramático*

INDICE

INDICE

INDICE

PRESENTACION

No deja de ser sorprendente el hecho de que, al comparar un texto básico de español con uno avanzado, no se observa mucha diferencia en el grado de «competencia sintáctica» que se espera del estudiante. Si las estructuras que se presentan en los textos básicos son las que constituyen una «competencia sintáctica de principiante», podemos concluir que al final de un programa exitoso de lengua de 3 o 4 años, el estudiante se encuentra solamente a ese nivel de competencia sintáctica. Se puede argüir que el estudiante habrá desarrollado otras habilidades lingüísticas como la comunicación, la lectura o la escritura, pero estas mismas se verán limitadas si el nivel sintáctico del estudiante no pasa de lo rudimentario.

Este texto difiere de otros textos avanzados en que no se tratan aquí los sempiternos problemas de *por* y *para*, pretérito vs. imperfecto, *ser* vs. *estar*, uso de los pronombres y clíticos, etc. El objetivo principal de este curso superior de gramática española es el de presentar una visión esquemática y no técnica de los sistemas de coordinación y subordinación del español. Se trata en detalle el problema del Modo, pero siempre en el contexto de la coordinación y la subordinación, al mismo tiempo que se pretende demostrar y analizar la rica gama de construcciones dentro de la oración compleja.

Este texto podrá utilizarse en cursos de tercer y cuarto año de lengua, así como en cursos de estructura de la lengua española. Debido a la variedad de estructuras discutidas, también podrá servir como texto de referencia gramatical para cursos de composición y estilo, aunque no se discutan aquí técnicas de composición en sí.

Se ha seguido principalmente el enfoque de la gramática tradicional, si bien se han incorporado datos recientemente tratados y discutidos en la gramática generativa. El texto puede servir como suplemento a las secciones 195–249 del *Curso superior de sintaxis española* de Gili Gaya, aunque también podrá usarse independientemente de este. Este es un texto estrictamente de gramática, y por eso no se han incluido textos de lectura, ejercicios de desarrollo de vocabulario, ejercicios comunicativos, etc. El foco de este texto es exclusivamente la forma.

De cada profesor dependerá el grado de terminología que quiera presentar. Las estructuras aquí tratadas son estructuras de la lengua cotidiana y donde hay un uso literario, así se ha indicado. El texto tiene la flexibilidad de poder ser usado como un manual de estructuras normalmente no enseñadas en los programas de lengua, a la vez que la descripción es lo suficientemente detallada como para que pueda servir de referencia a aquellos que se interesan en estudiar el «sistema» de la oración.

Con el objeto de que todo no quede en la teoría, se han incluido numerosos ejercicios para practicar las nuevas estructuras. Estos ejercicios son básicamente de cuatro tipos: (a) de reconocimiento de estructura; (b) de paráfrasis de construcciones; (c) de conciencia del Modo; y (d) de producción. Aquellos profesores a quienes no les interese la enseñanza de la terminología podrán transformar los ejercicios de reconocimiento de estructura en ejercicios de paráfrasis.

Es la esperanza del autor que el lingüista encuentre en estas páginas sólidas descripciones de construcciones que todavía carecen de análisis. Se espera también que con este texto se haga menor la brecha que desde siempre ha existido entre los cursos de lengua, por una parte, y los de composición, literatura y lingüística, por otra. Con su conciencia lingüística ampliada y renovada, y con la ayuda experta del profesor que no se quedará en la forma, se espera también que el estudiante de lengua se convierta en un mejor hablante, escritor y lector.

Quisiera agradecer a todas las personas que hicieron posible este proyecto. Un sincero agradecimiento a Igone Arteagoitia por su célere ayuda con la recolección de material y por sus múltiples y agudos comentarios de las diferentes versiones de este trabajo. Gracias a Carlos Otero, Judith Strozer, Paula Kempchinsky, Elizabeth Guzmán, James Alatis, Thomas Walsh, Bárbara Mujica, Verónica Salles, Ron Leow, William Woodard, Joseph Goebel y Enrique Luengo por su apoyo y sus valiosos comentarios. Gracias a María y Mariana Yépez, Fanny Carrión, Rosita Meneses y Rocío Bastidas de la Pontificia Universidad Católica de Quito por sus comentarios y discusiones cuando este proyecto no era más que unas notas desorganizadas. Gracias a los estudiantes que participaron en el programa «Georgetown in Quito 1992» y que siguieron el curso de estructura de la lengua, de cuyas dudas y preguntas surgieron los ejercicios que acompañan a las distintas explicaciones del texto. Y finalmente, gracias a John Samples, director de la editorial de la Universidad de Georgetown, a John Staczec, a Patricia Rayner y a Patrice La Liberté por todo su apoyo y deseo de que este proyecto se convirtiera en el presente libro.

Héctor Campos
Georgetown University

I.

LA ORACION SIMPLE

CAPITULO I:

LA ORACION SIMPLE

1. Oración

En el *Esbozo de una nueva gramática de la lengua española* (1979: §3.1.2), la Real Academia Española (RAE) define la oración como «la unidad más pequeña de sentido completo en sí misma en que se divide el habla real». Adoptaremos aquí el concepto lógico de la oración según el cual una oración es la expresión verbal de un juicio por la relación entre el sujeto y el predicado.[1]

Una oración puede ser simple o compleja. Oración simple es aquella que consta de un sujeto y de un predicado. El sujeto es aquello de lo que se dice algo. En español el sujeto concuerda en número (singular/plural) y en persona (I, II, III) con el verbo. El predicado es todo lo que se dice del sujeto. Antes de entrar en la clasificación de las oraciones simples, ampliemos un poco el tema de sujetos y predicados.

2. Sujeto y predicado

2.1. Inversión del sujeto. Hemos dicho anteriormente que toda oración ha de contener un sujeto y un predicado. En una oración afirmativa el sujeto puede aparecer en posición preverbal o postverbal. Obsérvese que mientras más se aleja el sujeto del verbo, más extraña resulta la oración:[2]

---

1 Desafortunadamente, la palabra «oración», que se relaciona con la palabra «oral», se ha impuesto sobre el término clásico «sentencia», que se relaciona con «sentir». De estos dos términos sólo el segundo denota el estado mental de la unidad que forman el sujeto y el predicado. Véase Otero (1984: 111).

2 Usaremos aquí distintos símbolos para indicar la aceptabilidad de los diferentes ejemplos. La falta de símbolo indica que la oración es aceptable, ? indica que el ejemplo es aceptable pero que suena un poco extraño, ?? indica que el ejemplo es muy extraño y finalmente, * indica que el ejemplo no es aceptable.

(1)a. José vendrá a la fiesta.
   b. Vendrá José a la fiesta.
   c.?Vendrá a la fiesta José.
   d.*Puso la mantequilla en el refrigerador José.

Esta opción de invertir el sujeto no se encuentra en todas las lenguas. Compárense los ejemplos de (1) con los ejemplos ingleses de (2):

(2)a. José will come to the party.
   b.*Will come José to the party.
   c.*Will come to the party José.

2.2. Sujetos silentes. Vimos en la sección anterior que una diferencia entre el inglés y el español es que sólo en español se pueden invertir el sujeto y el predicado. Otra diferencia importante entre los sujetos de estas dos lenguas es que los sujetos en español pueden a veces aparecer silentes, como se demuestra en (1):[3]

(1)a. [] Visité a Josefa anoche.
   b. ¿Llamaste [] a tus padres?

En (2) se demuestra que esta posibilidad no se da en el inglés:

(2)a.*[] Visited Josefa last night.
   b.*Called [] your parents?

En (1a) tenemos un *yo* silente en tanto que en (1b) hay un *tú* silente. Que estos sujetos corresponden a estas personas definidas se puede ver en la concordancia del verbo. Denominaremos a este pronombre personal silente «pro-personal».
    Otra diferencia entre el español y el inglés es que el inglés tiene pronombres neutros para referirse a objetos:

(3)a. (Where is the book?)   **It** is on the table.
   b. (Where are the books?)   **They** are on the table.

En español, las formas correspondientes a *it* y *they* deben ser obligatoriamente silentes:

---

3 Usaremos el símbolo *[]* para representar la posición donde se encuentra el pronombre silente.

(4)a. (¿Dónde está el libro?)   [] está encima de la mesa.
   b. (¿Dónde están los libros?) [] están encima de la mesa.

Denominaremos a estos pronombres neutros silentes «pro-no personales».

El tercer tipo de pronombre silente es el que se usa para expresar un sujeto no específico, como en (5):

(5)a. [] Llaman a la puerta.
   b. [] Están anunciando tormenta para mañana.

Como se puede apreciar en la conjugación del verbo, este pronombre silente es tercera persona, plural y no específico. Denominaremos a este pronombre «pro-no específico».

Un cuarto tipo de pronombre silente es el que encontramos en las construcciones con *se* impersonal:

(6)a. Se habla español.
   b. Se vende huevos.

Ya que toda oración ha de contener un sujeto, debemos postular un sujeto para los ejemplos de (6). Es obvio que *se* no puede ser el sujeto ya que si negamos los ejemplos de (6), la negación precedería a *se*, en tanto que siempre aparecería después de un sujeto normal:

(7)a. No se habla español.
   b.*No Pedro habla español.
   c. Pedro no habla español.

El sujeto silente de los ejemplos de (6) se interpreta como un sujeto arbitrario, equivalente al sujeto expreso *uno*. Obsérvese que este pronombre silente es singular (decimos *habla* y no *hablan* en 7a), es también masculino (véase 8a) y humano, de ahí la inaceptabilidad de (8b):[4]

---

4 Obsérvese que si una construcción con *se* impersonal contiene un verbo en la forma activa (ia), la construcción tiene una interpretación activa en tanto que si el verbo aparece en la forma pasiva (ib), la construcción se interpreta como pasiva:

(i)a. Se persigue a los ladrones.
   b. Se es perseguido por la policía.

Esto indica que este *se* no es marca de pasividad, sino simplemente una marca de que el sujeto de esta construcción no es definido. Véase Otero (1985).

(8)a. [] Se vive contento en ese país.
b.*[] Se relincha por las mañanas.

Otra característica del *se* impersonal es que no puede aparecer en el pretérito ni con formas no conjugadas del verbo. Compárense los ejemplos de (9):

(9)a. [] Se va a misa todos los domingos.
b.*[] Se fue a misa todos los domingos.
c. [] Se es denunciado a la policía.
d.*[] Se fue denunciado a la policía.
e.*Es posible vivirse mejor.
f.* Trabajándose de noche, mejorará el país.

Denominaremos «pro-arbitrario» al sujeto silente de las construcciones de (6). En estas construcciones el «pro arbitrario» es masculino, singular, indefinido, humano y la construcción no puede aparecer en el pretérito ni en formas no conjugadas del verbo.

El lector avispado habrá pensado en ejemplos como los de (10) y (11), al observar la construcciones de (6b) y (9b), respectivamente:

(10)a. Se venden huevos.
b. Se publican libros.

(11)a. Se habló español.
b. Se vendió huevos.

Consideremos primero los ejemplos de (10). Este *se* no es el *se* impersonal de (6) ya que el verbo no está en singular. Este es un *se* pasivo, por lo cual las oraciones de (10) serían equivalentes a las de (12):

(12)a. Son vendidos huevos.
b. Son publicados libros.

En estos ejemplos, *huevos* y *libros* son los sujetos, de ahí la forma plural del verbo. Si el sujeto aparece en posición postverbal es porque el español permite la inversión del sujeto, como se demostró en la sección anterior.

Hay un quinto tipo de pronombre silente en español. Ya que los ejemplos de (11) se encuentran en el pretérito, el *se* que se encuentra en estas construcciones no puede ser el *se* impersonal, el cual, como vimos anteriormente, no puede aparecer en el pretérito. Por lo tanto el sujeto de las oraciones de (11) no puede ser el pro-arbitrario de las construcciones con *se* impersonal. Este *se* tampoco puede ser el *se* pasivo de los ejemplos de (10) ya que no hay concordancia entre el verbo y *huevos* y *libros*.

De hecho, se puede demostrar que no tenemos aquí un *se* pasivo ya que la frase nominal que aparece después del verbo no es el sujeto, sino el complemento directo del verbo, como se puede comprobar al suistituirla por el clítico correspondiente:

(13)a. [] Se depositó el dinero en el banco.
   b. [] Se lo depositó en el banco.

Tenemos aquí un *se* impersonal pasivo. Denominaremos «pro-expletivo» al sujeto de esta construcción impersonal pasiva. Dicho sujeto no tiene referencia específica y siempre tiene los rasgos de tercera persona singular.   Es el mismo sujeto que encontramos en las expresiones con *haber* o con los verbos de clima:

(14)a. [] Hay muchos días festivos este año.
   b. [] Hace frío hoy.
   c. [] Llovió anoche.

Es también el mismo sujeto que encontramos en las expresiones impersonales y que equivale a *it* en inglés:

(15)a. [] Es seguro que Juan entenderá este ejemplo.
   b. It is certain that Juan will understand this example.

Vemos, entonces, que toda oración debe contener un sujeto, sea expreso o silente, aunque si bien en muchas oraciones pareciera no haber sujeto en español.

Ejercicio 1.1. Dé un ejemplo original con cada uno de los siguientes elementos silentes:
(a) pro-personal
(b) pro-no personal
(c) pro-no específico
(d) pro-arbitrario
(e) pro-expletivo

Ejercicio 1.2. Identifique los sujetos en las siguientes oraciones:
1. Vino Marta a la fiesta.
2. Se prohibe el transporte de explosivos.
3. Se necesitan obreros.
4. Se bailó mucho en la fiesta.
5. ¿Trajeron el paquete?
6. Hay muchos errores en ese trabajo.
7. Es probable que llueva.
8. ¿Fumas?
9. -¿Dónde están los libros?
   -Están encima de la mesa.
10. Se vende instrumentos musicales.
11. Está nevando.
12. Siempre llegan temprano a clase.

Ejercicio 1.3. Identifique el *se* de las siguientes oraciones. Luego identifique el sujeto de cada oración:
1. Se vende esta casa.
2. Se venden estas casas.
3. Se vende casas.
4. Se vendió esa casa.
5. Se dice que va a haber tormenta.

2.3. Tipos de predicado. Según el tipo de predicado, las oraciones se pueden clasificar en oraciones atributivas o en oraciones predicativas. Oración atributiva es aquella cuyo predicado expresa una cualidad del sujeto:

(1)a. Mi padre es profesor.
   b. Patricia está casada con un ingeniero.

Oración predicativa es aquella que expresa una acción o un estado del sujeto.

(2)a. Mi padre trabaja en una escuela.
   b. Mi hermana ha tenido dos hijos.

2.3.1. Predicados nominales. En una oración atributiva el predicado se expresa con un sustantivo o con un adjetivo. Denominaremos «predicado nominal» al predicado de las oraciones atributivas. El predicado nominal, por lo tanto, sirve para calificar o clasificar al sujeto. El predicado nominal expresa formas de ser o de estar, y no expresa acciones. En estas construcciones se utilizan «verbos copulativos», es decir, verbos que en sí no agregan significado a la oración, pero que sirven de puente entre el sujeto y el sustantivo o adjetivo. Ejemplos de verbos copulativos son *ser*, *estar*, *mantenerse*, *parecer*, *ponerse*, *quedarse*, *venir*:

(3)a. Luis es muy inteligente.
   b. Roberto está aburrido.
   c. Josefa se mantiene siempre muy delgada.
   d. Esas chicas parecen muy simpáticas.
   e. El profesor se puso muy nervioso.
   f. Me quedé muy enojado.
   g. José viene triste desde hace algún tiempo.

Hay ciertas perífrasis que también sirven para construir oraciones atributivas:

(4)a. Rosa llegó a ser cantante.
   b. Ese señor es tenido por genio por sus compañeros.
   c. Venus también es llamado el lucero de la noche.

Hay que observar que los verbos *ser* y *estar* no siempre son verbos copulativos. Cuando *ser* tiene su significado original de «existir» u «ocurrir», nos encontramos frente a un predicado verbal. Lo mismo ocurre cuando *estar* significa «estar presente» o «permanecer»:

(5)a. La recepción será a las siete.
   b. La próxima semana estaré en París.

El verbo *estarse*, que significa «permanecer voluntariamente en una situación, posición o estado», tampoco es un verbo copulativo:

(6)a. ¿Te estarás quieta de una vez?
   b. Se estuvo al sol todo el día.

Lo mismo ocurre con algunos de los otros verbos copulativos mencionados anteriormente:

(7)a. Marta se puso a la cola.
   b. Rosa se quedó en la oficina hasta las 10 anoche.

Existe otro tipo de construcción que linda entre el predicado nominal y el predicado verbal. Estos son los predicados que la Academia ha denominado «predicados de complemento». El verbo sirve de enlace entre el sujeto y el atributo, pero el verbo, a diferencia de las cópulas que discutimos anteriormente, añade su propio significado al predicado:

(8)a. Vivían felices en su país.
b. El viento soplaba fuerte por las noches.

Ejercicio 1.4. Indique si las siguientes construcciones contienen predicados atributivos:
1. La fiesta fue en casa de María.
2. La fiesta fue divertidísima.
3. El río venía muy caudaloso.
4. Ese tipo parece un loro.
5. Nos estuvimos junto al fuego toda la tarde.
6. ¿Es que estás cansado?
7. El Guernica está en Madrid ahora.
8. ¿Por qué estáis tan alegres?
9. José duerme tranquilo.
10. Estuvieron muy contentos esa tarde.

2.3.2. Predicados verbales. Cuando el predicado expresa fenómenos que pueden denotar estados (carentes de acción) o actividades (acciones) en los que participa el sujeto, nos encontramos frente a un predicado verbal:

(9)a. A Luis le gusta la gramática.
b. Rosalía está escribiendo un libro de gramática.

Resumiendo, vemos que según el tipo de predicado, las oraciones pueden clasificarse en oraciones atributivas o predicativas. En el primer caso decimos que el predicado es nominal; en el segundo, que es verbal.

Ejercicio 1.5. Clasifique las siguientes oraciones según el tipo de predicado. Justifique su respuesta.
1. Esa mujer parece pobre.
2. Oímos el noticiero de las 11.
3. Tomaron todas las medidas del caso.
4. Juana adelgazó mucho durante el verano.
5. Juana está muy delgada ahora.

6. El enfermo deliró toda la noche.
7. Los niños duermen angelicalmente.
8. Ese hombre llegó a ser campeón.
9. Los terroristas bombardearon la municipalidad.
10. Roberto es profesor de física.

2.4. Transitividad de los núcleos verbales. Cada núcleo verbal requiere un determinado número y tipo de argumentos. Así, por ejemplo, el verbo *poner* requiere de un alguien que pone algo en alguna parte. La representación argumental del ejemplo (1a) se demuestra en (1b):

(1)a. Roberto puso la mantequilla en el refrigerador.
   b. PONER (Roberto, la mantequilla, en el refrigerador)

Si falta alguno de estos argumentos, la oración no es gramatical:

(2)a.*Roberto puso la mantequilla.
   b.*Roberto puso en el refrigerador.

Estos elementos requeridos por el núcleo verbal los denominamos «complementos». «Verbo transitivo» es aquel que requiere de un complemento o más. «Verbo intransitivo» es el que no requiere de complementos.

(3)a. Roberto trabaja mucho.   (verbo intransitivo)
   b. Roberto compró muchos regalos.   (verbo transitivo)

Compárense a continuación los ejemplos de (4):

(4)a. Roberto puso las flores en el comedor.
   b. Roberto olió las flores en el comedor.

En (4a), el verbo *poner* requiere de la frase preposicional *en el comedor*, como se aprecia en la estructura argumental de PONER en (1b). Sin embargo, *en el comedor* no es un complemento del verbo *oler* en (4b), ya que el verbo *oler* sólo requiere de dos argumentos, el que huele y lo olido. Diremos que la frase *en el comedor* en (4b) es un «modificador» del predicado verbal.

Ejercicio 1.6. Indique si las frases subrayadas son complementos o modificadores.
   1. Invitamos a Rosaura a la fiesta.

2. Vi a Rosaura <u>en la fiesta</u>.
3. Sacó una navaja <u>del bolsillo</u>.
4. Se metió el pañuelo <u>al bolsillo</u>.
5. Vive <u>cerca de la universidad</u>.
6. Les escribió una carta <u>a sus padres</u>.
7. Estoy <u>feliz</u>.
8. Ese programa parece <u>divertido</u>.
9. El niño se acostó <u>enojado</u>.
10. Fui <u>a la fiesta</u> <u>con María</u>.

Hay ciertos verbos que pueden llevar un complemento implícito:

(5)a. Cenaremos a las nueve.
b. Estoy ahorrando.

En (5a), se entiende que cenamos algo, en tanto que en (5b) está sobrentendido que estoy ahorrando dinero. Por lo tanto, los ejemplos de (5) son verbos transitivos, sólo que sus complementos son silentes.

3. Clasificación de las oraciones según la actitud del hablante

3.0. Introducción. En la sección anterior propusimos que una oración se puede clasificar según el tipo o naturaleza del predicado, con lo que toda oración sería o bien atributiva o predicativa. Una oración se puede clasificar también según la actitud del hablante. En toda oración es necesario distinguir lo que se dice (el «dictum»), de la actitud del que habla con respecto a lo dicho (el «modus»). Si consideramos la oración de (1):

(1)a. Pablo habla muchas lenguas.

vemos que tenemos la relación entre un predicado HABLAR y dos argumentos (Pablo, muchas lenguas). Esta representación semántica básica la podemos representar como se demuestra en (1b):

(1)b. HABLA (Pablo, muchas lenguas)

(1b) representa el contenido semántico subyacente de la oración de (1). Sin embargo, este contenido semántico siempre es modificado por la actitud del hablante. Considérense ahora los ejemplos de (2):

(2)a. Pablo habla muchas lenguas.
   b. ¿Pablo habla muchas lenguas?
   c. ¡Pablo habla muchas lenguas!
   d. ¡Ojalá Pablo hable muchas lengua!
   e. ¡Que Pablo hable muchas lenguas!
   f. Pablo ha de hablar muchas lenguas.

En tanto que (2a) afirma algo, (2b) pregunta, (2c) indica sorpresa, (2d) indica deseo, (2e) expresa un mandato o deseo y (2f) indica probabilidad. Sin embargo en todas las oraciones de (2) tenemos subyacentemente la representación semántica de (1b).

Según la actitud del hablante una oración se puede clasificar de acuerdo a tres variables:

(a) TIPO
(b) POLARIDAD
(c) MODO

En las siguientes secciones discutiremos cada una de estas variables.

3.1. El TIPO de la oración. Las oraciones pueden ser de tres tipos:
(a) aseverativas
(b) interrogativas
(c) exclamativas

3.1.1. Oraciones aseverativas. Oraciones aseverativas son aquellas que dan información:

(1)a. Juan estudia español.
   b. A María no le gustan las fiestas.

3.1.2. Oraciones interrogativas. Oraciones interrogativas son aquellas que piden información. Las interrogativas pueden ser de dos clases: (a) interrogativas simples, o (b) interrogativas específicas.

Las interrogativas simples son aquellas preguntas que podemos responder con *sí/no*. Por ejemplo:

(2)a. ¿Estudia Juan español?
   b. ¿Le gustan las fiestas a María?

Obsérvese en (2) que para hacer una pregunta invertimos normalmente el sujeto y el verbo. También es posible colocar el sujeto al final de la oración (3a,b) o dejar al sujeto en su posición inicial si subimos la entonación al final de la oración (3c,d):

(3)a. ¿Estudia español Juan?
   b. ¿Le gustan a María las fiestas?
   c. ¿Juan estudia español?
   d. ¿A María le gustan las fiestas?

Cuando la oración se hace más larga, mientras más se aleja el sujeto del verbo, menos común es encontrar el sujeto al final de la oración:

(4)a. María puso los libros en la mesa.
   b. ¿Puso María los libros en la mesa?
   c.?¿Puso los libros María en la mesa?
   d.*¿Puso los libros en la mesa María?

También se puede agregar una coletilla a la oración original para formar una pregunta simple. Si la oración es afirmativa se agrega *¿no?* o *¿verdad?* (5a,b), si la oración es negativa se agrega *¿verdad?* (5c):

(5)a. Juan estudia español, ¿no?
   b. Juan estudia español, ¿verdad?
   c. Juan no estudia español, ¿verdad?

También es muy común en español encontrar una pregunta precedida por *que* o por *y*:

(6)a. ¿Que estudia español Juan?
   b. ¿Y estudia español Juan?

Las interrogativas específicas son aquellas que piden información específica. Algunas palabras interrogativas específicas son: *qué, quién(es), cuándo, cómo, dónde, por qué, cuánto(a)(s), de quién, a qué hora*, etc.

(7)a. ¿Quién trabaja todos los días?
   b. ¿Dónde vives?
   c. ¿Por qué estás con la cara tan larga?

3.1.3. Oraciones exclamativas. Oraciones exclamativas son aquellas que expresan emoción y generalmente se escriben entre signos de exclamación (¡. . .!). Cuando queremos formar una exclamativa con un adjetivo, normalmente usamos *qué + ADJ (que)*, *cuán + ADJ* o *lo + ADJ + que*:

(8)a. ¡María es **muy simpática**!
 b. **¡Qué simpática (que)** es María!
 c. **¡Cuán simpática** es María!
 d. **¡Lo simpática que** es María.

Se utiliza el mismo mecanismo con los adverbios:

(9)a. ¡María habla **muy rápido**!
 b. **¡Qué rápido (que)** habla María!
 c. **¡Cuán rápido** habla María!
 d. **¡Lo rápido que** habla María!

Cuando queremos formar una oración exclamativa con una adverbio de cantidad se puede usar *cómo*, *cuánto*, o simplemente *lo que*:

(10)a. ¡María come **mucho**!
 b. **¡Cómo** come María!
 c. **¡Cuánto** come María!
 d. **¡Lo que** come María!

Para formar una exclamativa con un sustantivo cuantificado, se utiliza *cuánto(a)(s) + N*, *qué (cantidad) de + N* o *la (cantidad) de + N + que*:[5]

(11)a. ¡María se comió **muchos pasteles**!
 b. **¡Cuántos pasteles** se comió María!
 c. **¡Qué de pasteles (que)** se comió Maria!
 d. **¡La de pasteles que** se comió María!

Ejercicio 1.7. Clasifique las siguientes oraciones respecto del TIPO:
 1. La gramática tradicional es fácil.
 2. ¡Qué bonito que está el día!
 3. ¡Lo azul que amaneció el cielo hoy!

---

5 Usaremos *N* para representar un nombre o sustantivo.

   4. ¿Vas a ir a la playa hoy?

   5. Lucía no sabe nada de esto.

Ejercicio 1.8. Haga oraciones exclamativas de las siguientes oraciones:

   1. ¡Ese chico es **muy alto**!

   2. ¡Esos muchachos hacen **mucho ruido**!

   3. ¡Esa niña duerme **mucho**!

   4. ¡Esta señora camina **muy lento**!

   5. ¡Ese señor habla **mucho**!

Ejercicio 1.9. Haga oraciones interrogativas específicas que pregunten por la información subrayada:

   1. José vive cerca de la universidad.

   2. Marta siempre sale con sus amigos.

   3. Patricia está enojada porque su novio sale con otras chicas.

   4. Iremos al bosque la próxima semana.

   5. Este libro es de Josefa.

   6. Llamaré a Luis para invitarlo al cine.

   7. Hablé con María cinco veces ayer.

   8. Saldremos de casa a las ocho de la mañana.

   9. José mide casi un metro noventa.

10. Marisa irá a España este verano.

3.2. La POLARIDAD de la oración. Hay dos tipos de polaridad. Toda oración puede ser

(a) afirmativa o

(b) negativa

Las oraciones afirmativas afirman un pensamiento, en tanto que las negativas lo niegan.

   (1) Oraciones afirmativas:

     a. José sabe muchas lenguas.

     b. Marta quiere ir a Galicia este verano.

   (2) Oraciones negativas:

     a. José no sabe muchas lenguas.

     b. Marta no quiere ir a Galicia este verano.

3.2.1. Las oraciones negativas. Las oraciones negativas pueden tener distintas estructuras:

(3)a. NO + Frase verbal:
José no hizo la tarea.

b. NO + Frase verbal con palabra negativa:
José no hizo nada.

c. Palabra negativa + Oración:
Nunca hace José la tarea.

d. NO + Expresión negada + Oración:
No mucho dijiste en la reunión.

e. NADA QUE + Oración:
Nada que vi a Josefa (aunque la busqué).

Con las construcciones exclamativas con nombre cuantificados aparece un *no* expletivo, es decir, un *no* que no tiene un carácter negativo, y que es optativo:[6]

(4)a. ¡Cuántas mentiras (no) dijo!

b. ¡Cuántos amigos (no) tuve en la escuela!

c. ¡La de mentiras que (no) dijo!

d. ¡La de amigos que (no) tuve en la escuela!

3.2.2. TIPO y POLARIDAD. Todas las oraciones se pueden clasificar de acuerdo al TIPO y a la POLARIDAD. Así tenemos:

(5)a. Marta sabe cinco lenguas.	(Aseverativa, afirmativa)
b. Luis no conoce a Marta.	(Aseverativa, negativa)
c. ¿Marta sabe cinco lenguas?	(Interrog., afirmativa)
d. ¿Luis no conoce a Marta?	(Interrogativa, negativa)
e. ¡Qué simpática es Juana!	(Exclamativa, afirmativa)
f. ¡Juana no es antipática!	(Exclamativa, negativa)
g. ¡Cuántos amigos no tiene!	(Exclamativa, afirmativa)
h. Nunca he visto a ese hombre.	(Aseverativa, negativa)

---

6 Este *no* expletivo también aparece con las conjunciones adverbiales temporales *hasta que*, *mientras* y con las adverbiales condicionales excluyentes como *a menos que*, etc. Véanse las secciones 3.4 y 6.5 del capítulo VI.

Ejercicio 1.10. Identifique las oraciones siguientes respecto del TIPO y de la POLARIDAD:
 1. ¿A qué hora sale el tren para Chicago?
 2. José no invita nunca a sus amigos a su casa.
 3. Roberto es graciosísimo. ¡La de chistes que no se sabe!
 4. ¿Nadie me llamó esta tarde?
 5. ¡Cuánto trabajo nos da ese profesor!
 6. Siempre llega a la oficina a las 9.
 7. ¿Llegaría ya el correo?
 8. Nunca le cuenta a nadie sus problemas.
 9. ¡Luis no sabe nada de nada!
10. ¿Alguien ha visto mi sombrero?

Ejercicio 1.11. Cambie la POLARIDAD de las siguientes oraciones:
 1. Nosotros siempre les escribimos a nuestros padres.
 2. Nunca le dije nada ofensivo.
 3. ¿Alguien te dijo lo que le ocurrió a Pablo?
 4. ¿Has tenido un accidente alguna vez?
 5. No quiso comer nada antes de salir.
 6. ¿Comiste algo esta mañana?
 7. No conozco a ningún estudiante de las Guyanas.
 8. Vi a alguien en el jardín.
 9. No sale con nadie nunca.
10. Jamás le volveré a hablar.

3.3. El MODO de la oración. Distinguiremos dos tipos de MODOS principales: REALIS e IRREALIS. «REALIS» son aquellas oraciones que nos informan sobre la realidad; «IRREALIS» son aquellas que no informan sobre la realidad. La clasificación se demuestra en (1):

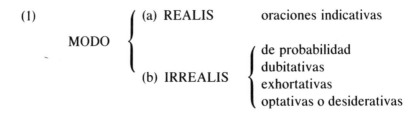

(1)

MODO
- (a) REALIS — oraciones indicativas
- (b) IRREALIS
  - de probabilidad
  - dubitativas
  - exhortativas
  - optativas o desiderativas

3.3.1. Oraciones indicativas. Oraciones indicativas son las que expresan el hecho verbal como real y objetivo. Se expresan normalmente con el modo indicativo:

(2)a. Marta estudia en la universidad.
  b. José fue a Sudamérica durante el verano.
  c. Luis trabajará en la Universidad Católica el próximo año.

3.3.2. Oraciones de probabilidad. Las oraciones de probabilidad expresan el hecho verbal como probable. Se puede expresar probabilidad en el presente o en el pasado.

3.3.2.1. Probabilidad en el presente. La probabilidad en el presente se puede expresar de cinco maneras básicas:

(3)a. condicional:
         Yo **iría** al cine ahora/en general (si tuviera más tiempo).
  b. futuro de indicativo:
         ¿Cuántos estudiantes hay en esa clase?
         Habrá unos 20.
  c. deber (de) + inf.
         ¿Cuántos estudiantes hay en esa clase?
         Debe (de) haber unos 20.
  d. poder + inf.
         ¿Cuántos estudiantes hay en esa clase?
         Puede haber unos 20.
  e. haber de + inf
         ¿Cuántos estudiantes hay en esa clase?
         Ha de haber unos 20.

3.3.2.2. Probabilidad en el pasado. La probabilidad en el pasado se puede expresar de once maneras diferentes:

(4)a. condicional perfecto:

Yo **habría ido** al cine anoche (si hubiera tenido tiempo).

b. condicional simple:

¿A qué hora llegó José anoche?

No sé. **Llegaría** a la medianoche.

c. futuro perfecto:

¿A qué hora llegó José anoche?

No sé. **Habrá llegado** a la medianoche.

d. deber (de) + haber + part.

¿A qué hora llegó José anoche?

No sé. **Debe (de) haber llegado** a la medianoche.

e. deber (pret.) + inf.

¿A qué hora llegó José anoche?

No sé. **Debió llegar** a la medianoche.

f. deber (pret.) + haber + part.

¿A qué hora llegó José anoche?

No sé. **Debió haber llegado** a la medianoche.

g. haber + debido + inf.

¿A qué hora llegó José anoche?

No sé. **Ha debido llegar** a la medianoche.

h. poder + haber + part.

¿A qué hora llegó José anoche?

No sé. **Puede haber llegado** a la medianoche.

i. poder (pret.) + inf.

¿A qué hora llegó José anoche?

No sé. **Pudo llegar** a la medianoche.

j. poder (pret.) + haber + part

¿A qué hora llegó José anoche?

No sé. **Pudo haber llegado** a la medianoche.

k. haber de + haber + part.

¿A qué hora llegó José anoche?

No sé. **Ha de haber llegado** a la medianoche.

Ejercicio 1.12. Indique si las oraciones siguientes expresan probabilidad en el presente o en el pasado. Luego exprésalas con construcciones equivalentes:

1. Los estudiantes habrán aprendido eso en la escuela secundaria.
2. Marta puede ser católica o protestante.
3. Luis no debe de tener más de 25 años.
4. Tus padres deben haber llamado como a las 11.
5. Luis debió acostarse pasadas las 12.

6. Ayer ha de haber hecho mucho calor.
7. Ese ejercicio ha de ser muy difícil.
8. Pudimos enfermarnos al mojarnos así.
9. Margarita ya no está en casa. Debió haber salido.
10. Gustavo pudo haberse matado en ese accidente.

3.3.3. Oraciones dubitativas. Las oraciones dubitativas consideran al hecho verbal como dudoso, y no deben confundirse con las oraciones de probabilidad. Generalmente se usan con los adverbios *acaso, tal vez, quizá(s), probablemente.* Al igual que con las oraciones de probabilidad, es posible expresar duda en el presente/futuro así como en el pasado.

3.3.3.1. Duda en el presente/futuro. La duda en el presente/futuro se puede expresar de las siguientes maneras:

    (5)a. presente de subjuntivo   Tal vez **venga** mañana.
      b. futuro de indicativo   Tal vez **vendrá** mañana.
      c. presente de indicativo   Tal vez **trabaja** todos los días.

3.3.3.2. Duda en el pasado. La duda en el pasado se expresa de las siguientes maneras:

    (6)a. presente perfecto de subjuntivo   Tal vez **haya salido** ayer.
      b. imperfecto de subjuntivo   Tal vez **saliera** yer.
      c. pretérito de indicativo   Tal vez **salió** ayer.

El uso del indicativo en los ejemplos de (5) y (6) indica mayor probabilidad de que el hecho ocurra o que haya ocurrido.

Ejercicio 1.13. Complete las oraciones siguientes con oraciones dubitativas.
1. Guillermo está enfermo hoy. Tal vez . . .
2. Roberto se divorció hace dos años. Acaso . . .
3. Mis padres irán a España el próximo verano. Quizás . . .
4. Carlos ha estado estudiando gallego últimamente.
   Probablemente . . .
5. Daniel toca muy bien la trompeta. Quizá . . .

3.3.4. Oraciones exhortativas. Las oraciones exhortativas son un mandato o ruego por parte del hablante. Se pueden usar los siguientes modos según la construcción:

(a) MODO IMPERATIVO: se utiliza el imperativo con la forma de *tú* y *vosotros* en el afirmativo:[7]

(7)a. ¡Vuelve pronto!

  b. ¡Ven temprano!

(8)a. ¡Volved pronto!

  b. ¡Venid temprano!

(b) MODO SUBJUNTIVO: se utiliza el subjuntivo en todas las otras formas (Ud., Uds., nosotros) y en todos los mandatos negativos:

(9)a. ¡Cante(n) esa canción!

  b. ¡No cante(n) esa canción!

(10)a. ¡Cantemos esa canción!

  b. ¡No cantemos esa canción!

(11)a. ¡No vuelvas pronto! (cf.7)

  b. ¡No vengas temprano!

(12)a. ¡No volváis pronto! (cf. 8)

  b. ¡No vengáis temprano!

---

7 Para la forma de *vos*, según se usa en la región del Río de la Plata, también existe un imperativo para *vos*:

  (i)a. ¡Cantá más alto!

  b. ¡Comé!

  c. ¡Escribí!

Para las formas negativas se usa el presente de subjuntivo de la forma *vos*:

  (ii)a. ¡No cantés tan alto!

  b. ¡No comás!

  c. ¡No escribás!

Sin embargo, este uso de *vos* no es general. Por ejemplo, las formas equivalentes en el voseo de Chile serían las de (iii) y (iv), respectivamente:

  (iii)a. ¡Canta más alto!

  b. ¡Come!

  c. ¡Escribe!

  (iv)a. ¡No cantís tan alto!

  b. ¡No comái!

  c. ¡No escribái!

Vemos en (iii) que para los mandatos afirmativos se usa el imperativo de *tú*, en tanto que para los mandatos negativos se usa el subjuntivo de *vos*.

Véase Kany (1969) para una discusión de los distintos tipos de voseo.

(c) MODO INDICATIVO: Se puede usar el presente de indicativo para expresar un mandato. En este caso se percibe el mandato como más enfático:

(13)a. ¡Se lo comen todo!
  b. ¡Te acuestas inmediatamente!
  c. ¡No sales a ninguna parte!

Cuando el mandato incluye al hablante como un beneficiario, se atenúa el mandato si se usa una entonación semejante a la de una pregunta y el hablante se incluye como el clítico *me*:

(14)a. ¿Me pasas la sal?
  b. ¿Me pones el jugo en el refrigerador?
  c. ¿Me le pones los pantalones al niño?

Menos común y más enfático es el uso del futuro para expresar un mandato:

(15)a. ¡Respetarán a sus padres!
  b. ¡No matarás!

(d) INFINITIVO: El infinitivo también puede expresar mandato:

(16)a. ¡Servir frío!
  b. ¡No fumar!

En este caso se interpreta el sujeto del infinitivo como un *usted* tácito. Cuando un adjetivo modifica al sujeto tácito, este aparece en masculino y singular:

(17)a. ¡No entrar mojado!
  b. ¡Hacer los ejercicios solo!

Ejercicio 1.14. Transforme las aseveraciones siguientes en oraciones exhortativas:
1. Tú dices la verdad.
2. Vosotros no os peináis. Vosotros os afeitáis.
3. Ud. se pone chaqueta y corbata para esa recepción.
4. Nosotros no nos vamos en autobús. Nos vamos en avión.
5. Uds. nos llaman por teléfono antes de las doce de la noche.
6. Tú no vienes a la fiesta sin tu novio.
7. Vos te vestís rápidamente. No te afeitás.

8. Uds. no llegan muy tarde de la fiesta.
9. Tú haces todos los ejercicios.
10. Tú te memorizas todos los verbos irregulares.

Ejercicio 1.15. Exprese los mandatos siguientes de otra manera:
1. ¡Tráeme los cigarrillos!
2. ¡Pónganmele los pañales al bebé!
3. ¡Caliéntame el agua!
4. ¡Préndame la luz!
5. ¡Abranme la puerta del coche!

3.3.5. Oraciones optativas o desiderativas. Son aquellas oraciones que expresan el hecho verbal como un deseo. Se construyen generalmente con *ojalá*.

3.3.5.1. Oraciones optativas en el futuro. Para expresar un deseo en el futuro se usa OJALA + presente de subjuntivo. Este deseo es realizable:

(18)a. Ojalá (que) llegue Marta esta tarde.
    b. Ojalá (que) me llame Roberto mañana.

También se puede usar el subjuntivo:

(19)a. ¡(Que) Dios te bendiga!
    b. ¡Que te vaya bien!
    c. ¡Que lo pases bien!
    d. ¡(Que) mal rayo te parta!

3.3.5.2. Oraciones optativas en el presente. Un deseo para el presente es siempre hipotético y se utiliza OJALA + imperfecto de subjuntivo. Este deseo es irrealizable o contrafactual.

(20)a. Marta no está aquí ahora.   Ojalá (que) estuviera aquí.
    b. Tengo mucho trabajo ahora.   Ojalá (que) no tuviera tanto trabajo.

3.3.5.3. Oraciones optativas en el pasado. Un deseo para algo que ocurrió en el pasado también es hipotético o contrafactual. Sin embargo, el hablante puede no saber el resultado de la acción y desearlo, así como puede saber el resultado y desear lo contrario. En el primer caso se utiliza OJALA + presente perfecto de subjuntivo y en el segundo caso se utiliza OJALA + pluscuamperfecto de subjuntivo.

(21)a. No sé si Pedro llegó anoche. Ojalá (que) haya llegado.
    b. Pedro no llegó anoche. Ojalá (que) hubiera llegado.

Ejercicio 1.16. Complete las oraciones siguientes con oraciones optativas:
1. José está en el hospital. Ojalá . . .
2. Patricia no hizo la tarea. Ojalá . . .
3. No sé si Patricia hizo la tarea. Ojalá . . .
4. Mi padre se compró un boleto de la lotería. Ojalá . . .
5. Mi suegro se siente un poco mareado. Ojalá . . .

Ejercicio 1.17. Complete los siguientes diálogos con oraciones optativas:
1. -Tengo un examen esta tarde.
   -Que . . .
2. -Hoy es mi cumpleaños.
   -Que . . .
3. -Mañana me voy de vacaciones.
   -Que . . .
4. -Te cuento que me caso el mes que viene.
   -Que . . .
5. -Me voy a mi casa porque no me siento bien.
   -Que . . .

3.3.6. TIPO, POLARIDAD y MODO. Hemos visto en las secciones anteriores que las oraciones se pueden clasificar por el criterio sicológico de acuerdo al TIPO, la POLARIDAD y el MODO. A su vez, cada una de estas categorías abarca algunas subcategorías, como se demuestra en (22):

(22)a. TIPO = {aseverativa, interrogativa, exclamativa}
    b. POLARIDAD = {afirmativa, negativa}
    c. MODO = $\begin{cases} \text{(a) REALIS} = \{\text{indicativa}\} \\ \text{(b) IRREALIS} = \{\text{probabilidad, dubitativa, exhortativa, optativa (desiderativa)}\} \end{cases}$

Según esta división, entonces, podemos clasificar cualquier oración simple teniendo en cuenta estas tres variables.

(23)a. Marta fue a Ecuador el año pasado.
(aseverativa, afirmativa, indicativa)

b. Ojalá que Marta vaya a Ecuador el año que viene.
(aseverativa, afirmativa, optativa)

c. ¿Me despiertas a las siete de la mañana?
(interrogativa, afirmativa, exhortativa)

d. ¡Que te arrolle un tren!
(aseverativa, afirmativa, optativa)

e. Nunca la había visto antes.
(aseverativa, negativa, indicativa)

f. (José tiene unas tremendas ojeras). Acaso no durmió bien.
(aseverativa, negativa, dubitativa)

g. (Rubén sacó una buena nota en el examen). Estudiaría mucho.
(aseverativa, afirmativa, probabilidad)

h. ¡Cuántos libros no ha leído en su vida!
(exclamativa, afirmativa/negativa, indicativa)

i. ¿No fuiste a la reunión?
(interrogativa, negativa, indicativa)

Ejercicio 1.18. Clasifique las oraciones siguientes según el TIPO, el MODO y la POLARIDAD:

1. ¡Clasifique estas oraciones!
2. Debo llevar cinco años estudiando español.
3. ¡La de estructuras que hemos estudiado!
4. ¿Me haces una copia de ese programa, por favor?
5. ¿A qué hora tienen anunciada la salida del avión?
6. Entendiste bien la lección, ¿no?
7. ¡Lo tranquila que es María!
8. Nada que llama mi novia.
9. Habrá unas cuatro horas entre Washington y Nueva York.
10. (Luis tiene los ojos rojos). Acaso habrá llorado.
11. ¡Viva el rey!
12. El rey todavía vive, ¿verdad?
13. ¡No desearás a la mujer de tu prójimo!
14. ¡No abrir hasta el día de cumpleaños!
15. Ojalá me ganara la lotería.
16. ¡Qué fácil que es este ejercicio!
17. ¿Y trajiste lo que te pedí?

18. ¡Qué de canciones se sabe!
19. ¿No vas a venir con nosotros?
20. ¡Te callas y vienes con nosotros!

Ejercicio 1.19. Explique la diferencia entre los siguientes pares de oraciones:
1.(a) José debe estudiar mucho.
  (b) José debe haber estudiado mucho.
2.(a) ¡Pásame la pimienta!
  (b) ¿Me pasas la pimienta?
3.(a) ¡Lo alto que está ese niño!
  (b) ¡Cuán alto está ese niño!
4.(a) Juan no dice mentiras.
  (b) ¡La de mentiras que no dice!
5.(a) Tal vez Norma fue al cine ayer.
  (b) Tal vez Norma fuera al cine ayer.
6.(a) Ojalá haya visto ese programa.
  (b) Ojalá hubiera visto ese programa.
7.(a) Ojalá tuviera dinero.
  (b) Ojalá tenga dinero.

II.

DE LA ORACION SIMPLE A LA ORACION COMPUESTA

CAPITULO II:

DE LA ORACION SIMPLE A LA ORACION COMPUESTA

1. Oración simple y oración compuesta

1.1. La oración simple. En el capítulo anterior propusimos que una oración simple era aquella que constaba de un sujeto y de un predicado. En (1) se muestran algunos ejemplos de oraciones simples:

(1)a. Luis leyó el primer capítulo.
   b. ¿Me trajiste el programa de Word Perfect?

Una oración simple puede contener un sujeto coordinado. Aunque la oración de (2a) se interpreta como (2b), (2a) contiene un solo sujeto, en este caso el sujeto coordinado *Luis y María*, y un solo verbo, el verbo *leyeron*, por lo cual (2a) se considera una oración simple:

(2)a. Luis y María leyeron el primer capítulo.
   b. Luis leyó el primer capítulo y María leyó el primer capítulo (también).

Obsérvese que en el ejemplo (2b) aparecen dos sujetos, *Luis* y *María* y aparece el verbo *leer* dos veces. La oración (2b) no es, por lo tanto, una oración simple; es una oración compuesta. Nos ocuparemos de las oraciones compuestas en la próxima sección.

Considérese ahora el ejemplo (3a):

(3)a. Los estudiantes diligentes recibieron una A.
   b. Algunos estudiantes recibieron una A y esos estudiantes son diligentes.

DE LA ORACION SIMPLE A LA ORACION COMPUESTA

Aunque sería posible descomponer el ejemplo (3a) en las dos oraciones de (3b), vemos que (3a) contiene un solo sujeto, en este caso el sustantivo modificado *los estudiantes diligentes*, y un solo verbo, el verbo *recibieron*, por lo cual (3a) también es una oración simple. (3b), por otra parte, es una oración compuesta.

Un verbo auxiliar puede formar parte de una oración simple, aunque en la construcción aparecen dos verbos:

(4)a. Roberto está estudiando francés en París.
 b. José ha visitado Rusia.

Los verbos modales como *poder*, *deber*, *querer*, *soler* también son parte de una oración simple:

(5)a. Puedo llamar a María todas las noches.
 b. Debo llamar a María todas las noches.
 c. Quiero llamar a María todas las noches.
 d. Suelo llamar a María todas las noches.

Los ejemplos de (5) se parecen a los ejemplos de (6):

(6)a. Prefiero llamar a María todas las noches.
 b. Evitaré llamar a María todas las noches.

Sin embargo, hay una importante diferencia entre los ejemplos de (5) y los de (6). En los ejemplos de (5) el verbo modal y el infinitivo forman una unidad sintáctica, de allí que al remplazar a *María* por el correspondiente clítico acusativo *la*, este puede saltarse el complejo verbal con los verbos de (5) pero no con los de (6):

(7)a. Puedo llamar**la** todas las noches.
 b. **La** puedo llamar todas las noches.
 c. Debe llamar**la** todas las noches.
 d. **La** debo llamar todas las noches.
(8)a. Prefiero llamar**la** todas las noches.
 b.***La** prefiero llamar todas las noches.
 c. Evitaré llamar**la** todas las noches.
 d.***La** evitaré llamar todas las noches.

Ya que el verbo auxiliar y el infinitivo de (4) también forman una unidad sintáctica, el clítico puede aparecer a la izquierda del auxiliar, al igual que con los modales de (7):

(9)a. **La** estoy llamando ahora.

   b. **La** he llamado esta mañana.

Ejercicio 2.1. Determine si los siguientes ejemplos son oraciones simples u oraciones compuestas. Justifique su respuesta.

1. José trabajó toda la noche.
2. José estuvo trabajando toda la noche.
3. Marta vivió en Boston y en Nueva York el año pasado.
4. Los libros publicados en España son muy caros.
5. Tus padres parecen conocer muy bien a Paco.
6. Las casas viejas acaban costando mucho dinero.
7. Mi hermana quiere poder hablar francés sin acento.
8. Adán y Eva fueron expulsados del paraíso.
9. Deseo entregárselo mañana.
10. Me gustaría que vinieras a mi fiesta.
11. Luis bebió y bailó toda la noche.
12. Luis bebió y Marta bailó toda la noche.

En (5) y (7) vimos algunos verbos modales y en (9) algunos verbos auxiliares que forman oraciones simples en español. Algunos verbos perifrásticos aspectuales también forman oraciones simples, a pesar de que aparecen dos verbos. Los ejemplos de (10) muestran algunos verbos de perífrasis incoativas, es decir, de construcciones que expresan el comienzo de una acción:[1]

(10)a. Te voy a llamar esta noche.

   b. Le gustaba tanto que lo salió comprando.

En (11) se muestran algunos verbos de perífrasis terminativas que forman oraciones simples:[2]

---

1 Otras perífrasis incoativas no permiten el ascenso del clítico:

  (i)a. *Se lo puso a cantar.   (Se puso a cantarlo)

    b. *Los pasaré a discutir.   (Pasaré a discutirlos)

    c. *Se les lió a gritar.   (Se lió a gritarles)

    d. *Se las metió a hacer.   (Se metió a hacerlas)

    e. *Se la dio por hacer.   (Le dio por hacerla)

Véase Fente et al. (1976) para una clasificación de las diferentes perífrasis aquí discutidas.

  2 Algunos ejemplos de perífrasis terminativas que no forman oraciones simples son:

  (i)a. *Lo acabó por romper.   (Acabó por romperlo)

    b. *Se lo quedó en poner.   (Quedó en ponérselo)

    c. *Se acabó enamorando.   (Acabó enamorándose)

(11)a. Lo dejó de visitar el año pasado.
   b. Le llegó a pegar de tan enojada que estaba.
   c. Lo acabo de ver en el pasillo.

Algunas perífrasis durativas también forman oraciones simples:[3]

(12)a. Se lo va contando a medio mundo.
   b. Se lo anda diciendo a todo el mundo.
   c. La sigue queriendo igual que antes.
   d. Lo vengo diciendo desde hace mucho tiempo.

Lo mismo se observa con ciertas perífrasis obligativas:[4]

(13)a. Lo tengo que terminar esta noche.
   b. Las has de invitar a la fiesta.

Podemos usar la prueba de si el clítico puede preceder al verbo auxiliar para determinar si una secuencia de *verbo témpico + verbo atémpico* constituye una unidad sintáctica o no.[5] Si la constituye, tenemos entonces una oración simple; si no, nos encontramos frente a una oración compuesta. Sólo cuando tenemos una oración simple puede aparecer el clítico a la izquierda del verbo conjugado.

Ejercicio 2.2. Determine si las siguientes construcciones perifrásticas son oraciones simples o compuestas. Justifique su respuesta.
1. Voy a ver a Enrique este fin de semana.
2. Pasó a decírselo al juez.
3. Acabó afeitándose la barba.
4. Quedó en avisarme.
5. Acabó por invitarlas a la fiesta.

---

3 Algunas perífrasis durativas que no forman oraciones simples:
(i)a. *Se lo quedó pensando.   (Se quedó pensándolo)
   b. *Lo llevo escribiendo un año.   (Llevo escribiéndolo un año)
4 Pero obsérvese:
(i) *Lo hay que hacer ya.   (Hay que hacerlo ya)
5 Denominaremos «verbo témpico» a un verbo que muestra el tiempo en su conjugación. «Verbos atémpicos» son los que no se encuentran conjugados. Las formas atémpicas son las formas del gerundio, el participio pasado y el infinitivo. Todas las otras formas son formas témpicas.

6. Anda quejándose de su clase de gramática.
7. Hay que sacarlo todo afuera.
8. ¿Sigue viéndose con ese muchacho?
9. No va a enviarnos los documentos.
10. Lleva terminándolo más de un año ya.

1.2. La oración compuesta. Es posible que una oración conste de más de una oración simple, como se demuestra en (1), donde cada oración simple se encuentra entre corchetes:

(1)a. [El profesor asigna tarea] y [los estudiantes la hacen].
   b. [Roberto fue al cine], pero [su novia se quedó en casa].
   c. [El chico [que vimos en el cine] es el novio de Susana].

Estos son ejemplos de oraciones compuestas.[6]
   Los sujetos de las diferentes proposiciones de una oración compuesta pueden ser iguales o diferentes:

(2)a. El profesor recoge la tarea y (él) luego la revisa.
   b. El profesor recoge la tarea y su ayudante la revisa.

A diferencia de los verbos en una oración simple, los cuales siempre deben aparecer con un verbo témpico, los verbos de una oración compuesta pueden aparecer en una forma atémpica, como se demuestra en (3):

(3)a. Al entrar al apartamento, vio el cristal roto.
   b. Trabajando de esa manera, te enfermarás.
   c. Terminado el trabajo, todos fueron a tomarse una copa.

---

6 La Real Academia denomina «proposiciones» a las oraciones simples que forman parte de una oración compuesta. En el capítulo anterior definimos «oración» como «la unidad más pequeña de sentido completo». Para la Academia, por lo tanto, las «oraciones simples» de (1) no pueden ser «oraciones» en el sentido que hemos definido «oración», ya que el sentido completo de la oración compleja se deriva de la suma de los significados de las diferentes proposiciones y de sus conectores. «Oración» y «proposición» son, por consiguiente, nociones diferentes para la Real Academia.
   En este libro no nos atendremos a esta diferencia de terminología, pero sí distinguiremos entre oración simple y oración compuesta. Nos referiremos a las proposiciones integrantes de una oración compuesta como «oraciones coordinadas» u «oraciones subordinadas», según corresponda.

2. La oración compuesta: coordinación, subordinación y yuxtaposición

Una conjunción es un elemento invariable que sirve para relacionar dos elementos de la misma clase.

(1)a. [[Juan] **y** [María]] fueron al cine.
   b. Vendrá [[**ya** para Pascuas], [**ya** para Navidad]].

En el ejemplo (1a), *y* relaciona dos frases nominales, en tanto que *ya* en (1b), sirve para relacionar dos frases preposicionales.

Las conjunciones también sirven para relacionar oraciones:

(2)a. [Marta irá a Sudamérica], [**pero** [su novio irá a Europa]].
   b. [Marta irá a Sudamérica], [**con tal de** [que su novio viaje con ella]].

Denominamos «conjunciones simples» a aquellas conjunciones que constan de una sola palabra. Conjunciones simples son, por lo tanto, *y*, *ya*, *pero* de los ejemplos (1) y (2). Se denominan «locuciones conjuntivas» aquellas conjunciones que constan de dos o más palabras. Un ejemplo de locución conjuntiva es *con tal de que* en (2b).

Las oraciones simples que forman parte de una oración compuesta pueden relacionarse por coordinación o por subordinación. En las próximas secciones discutiremos cada una de estas relaciones y en los próximos capítulos veremos detalladamente los diferentes tipos de coordinación y subordinación en español.

2.1. La coordinación. Existe coordinación entre dos oraciones cuando no hay dependencia sintáctica entre ellas y cada oración es jerárquicamente igual a la otra. Cada oración contribuye al significado total de la oración compuesta. Esto lo vemos en (1):

(1)a. [Marta fue al cine] **y** [José fue al teatro].
   b. **O bien** [Rosa llamará por teléfono] **o bien** [vendrá a la casa].

Podemos representar el hecho de que las oraciones de una oración coordinada son jerárquicamente iguales por el diagrama de (2):

(2)　　　　ORACION COMPUESTA COORDINADA

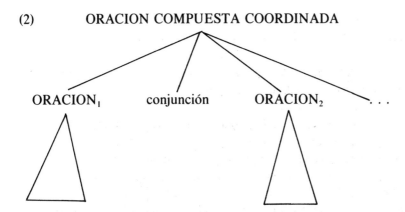

La coordinación también se denomina «parataxis». Por lo tanto, las oraciones coordinadas de (2) son también llamadas «oraciones paratácticas».

2.2. La subordinación. A diferencia de la coordinación, en la subordinación una oración tiene mayor jerarquía que la(s) otra(s). La «oración principal» es la oración de mayor jerarquía, mientras que la «oración subordinada» es la de menor jerarquía. En (1) se muestran ejemplos de oraciones subordinadas:

(1)a.　Es obvio [que María es muy inteligente].
　　b.　El libro [que recomendó el profesor] es muy interesante.

Se puede representar el hecho de que la subordinación tiene implícita una jerarquía con el diagrama de (2):

(2)　　　　ORACION COMPUESTA SUBORDINADA

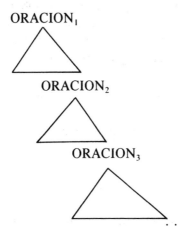

A la subordinación se la conoce también como «hipotaxis». Una oración subordinada sería también una «oración hipotáctica».

Ejercicio 2.3. Determine si las oraciones entre corchetes son oraciones coordinadas o subordinadas. Justifique su respuesta.

1. Llego a casa y [te llamo].
2. ¿Quieres que vayamos a la playa o [que vayamos al cine]?
3. Te repito [que no me gustan las películas de Almodóvar].
4. Los [que no quieran estudiar esto] que levanten la mano.
5. Ese tipo no anda rápido en su bicicleta, sino [que vuela].
6. Roberto se divorciará aunque [su mujer no tiene trabajo].
7. Mientras [que ella trabaja 40 horas a la semana], él se pasa el día en el bar.
8. ¿Te comprarías una computadora portátil si [tuvieras el dinero]?
9. ¡Llámame para [que hagamos algo juntos este fin de semana]!
10. Haremos la fiesta aunque [llueva todo el día].

2.3. La yuxtaposición. En las secciones anteriores hemos visto que las oraciones coordinadas y las subordinadas se relacionan por medio de conjunciones. Sin embargo, es posible que la conjunción se halle ausente entre las oraciones. Esto es lo que observamos en (1):

(1)a. Traté de hablarle; no quiso oirme.
   b. Se acostó temprano; estaba cansada.

En (1a), pareciera haber un *pero* implícito, por lo cual la segunda oración sería una oración coordinada. En el ejemplo (1b), la segunda oración tiene un *porque* implícito, por lo que la oración sería una oración subordinada. Los ejemplos de (1) son oraciones yuxtapuestas. «Oraciones yuxtapuestas» son aquellas oraciones que se encuentran relacionadas entre sí sin una conjunción explícita.

Es posible que a veces la relación entre las oraciones no sea transparente:

(2) Pedro estaba cansado; trabajó toda la noche.

La oración de (2) la podemos interpretar como se muestra en (3):

(3)a. Pedro estaba cansado, y/pero [trabajó toda la noche].
   b. Pedro estaba cansado porque [trabajó toda la noche].

(3a) es un caso de coordinación; (3b) es una caso de subordinación.

Ejercicio 2.4. Determine si las siguientes oraciones yuxtapuestas se relacionan por coordinación o por subordinación. Justifique su respuesta. Expréselas con una conjunción explícita.

1. Intenté llamarte; no tenía tu número de teléfono.
2. Escríbeme; te contestaré en seguida.
3. Abrió la puerta; Luis se disponía a besar a Isabel.
4. Lo castigaron; se había comido todos los chocolates.
5. Me voy; volveré.
6. Vine, vi, vencí.
7. Tienes una bonita sonrisa; llegarás muy lejos.
8. ¡Hágase la luz!; la luz se hizo.
9. Fuimos a la piscina; nadamos más de media hora.
10. Llueve; nos mojaremos.

III.

ORACIONES COORDINADAS

CAPITULO III:

ORACIONES COORDINADAS

1. Tipos de coordinación

Como mencionáramos en el capítulo anterior, en una oración coordinada las diferentes oraciones tienen la misma jerarquía y ambas oraciones contribuyen al significado total de la oración compuesta. Esto se demuestra en el diagrama de (1):

(1)

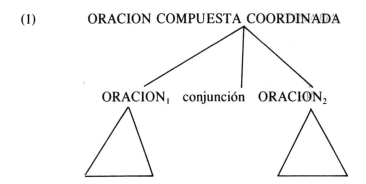

Las oraciones coordinadas se dividen en varios tipos, a saber:

(a) copulativas
(b) disyuntivas
(c) distributivas
(d) adversativas
(e) explicativas

Las siguientes secciones analizarán los diferentes tipos de coordinación.

2. La coordinación copulativa

La coordinación copulativa expresa suma, adición o combinación. Se expresa con las conjunciones *y*, y *ni*:

(1)a. [José trabaja en un banco] **y** [Marta estudia en la universidad].
   b. [Marta no hizo la cama] **ni** [tampoco lavó ella los platos].

Se utiliza *ni* cuando las dos oraciones que se unen son negativas:

(2)a. [Marta no hizo su cama]. [Ella no lavó los platos].
   b. [Marta no hizo su cama] **ni** [lavó los platos].

Y, por otra parte, puede coordinar dos oraciones afirmativas:[1]

(3)a. [José trabaja en un banco]. [Marta estudia en la universidad].
   b. [José trabaja en un banco] **y** [Marta estudia en la universidad].

Y también puede coordinar una oración afirmativa con una negativa:

(4)a. [Luis se comió las galletas]. [Rosa no quiso hacer la tarea].
   b. [Luis se comió las galletas] **y** [Rosa no quiso hacer la tarea].

---

1 En lugar de *y* se emplea *e* si la palabra que sigue a la conjunción empieza por *i* o *hi*, donde *hi* no es parte de un diptongo:
   (i)a. Marta e Isabel
    b. padre e hijo
    c. agua y hielo

Cuando se quiere hacer resaltar el contraste entre las dos oraciones, se usa la conjunción adversativa *pero*:[2]

(5)a. [Luis sacó una buena nota]. [Luis no entendía bien el tema].
   b. [Luis sacó una buena nota], **y** [no entendía bien el tema].
   c. [Luis sacó una buena nota], **pero** [no entendía bien el tema].

Y también se usa para coordinar una oración negativa con una afirmativa:

(6)a. [Paco no fue a la escuela]. [Conchita se lió toda la tarde al teléfono].
   b. [Paco no fue a la escuela] **y** [Conchita se lió toda la tarde al teléfono].

Para hacer resaltar el contraste entre las dos oraciones se utiliza la conjunción adversativa *sino*:

(7)a. [Paco no fue a la escuela]. [Paco se quedó en casa].
   b. [Paco no fue a la escuela], **y** [se quedó en casa].
   c. [Paco no fue a la escuela], **sino** [que se quedó en casa].

Las conjunciones *junto con*, *además de* y *amén de* (poco usual) también son conjunciones copulativas, pero no se utilizan para unir oraciones témpicas, sino sustantivos o adjetivos, principalmente:

---

2 También se usa *y* con frases nominales o adjetivales:
(i)a. Es inteligente, y no tonto.
   b. Es estudiante, y no profesor.
A veces se usa *que* en lugar de *y* en estos casos:
(ii)a. Es gato, que no liebre.
   b. Justicia pido, que no gracia.
   c. A Nueva York me voy, que no a Boston.
También es común el uso de *que* copulativo cuando hay una repetición del verbo para expresar acción continua. Obsérvese que en estos casos se utiliza el verbo *estar*:
(iii)a. Pedro trabaja y trabaja todo el día.
   b. Pedro **está trabaja que trabaja** todo el día.
   c. Los profesores corrigen y corrigen toda la noche.
   d. Los profesores **están corrige que corrige** toda la noche.
El verbo *estar* puede aparecer en distintos tiempos, mientras que el verbo ligado con *que* sólo aparece en el presente:
(iv)a. Pedro **estuvo trabaja que trabaja** toda la noche.
   b. **Estaba llora que llora** cuando de repente lo llamó su novia.

(8)a. Pepe, **junto con** su novia, irá a la fiesta de Rocío.

b. El presidente, **además de** sus ministros, será censurado por el Congreso.

c. Ese escándalo, **amén de** los anteriores, lo hizo muy impopular.

d. Pepe, **además de** inteligente, es muy educado.

Estas conjunciones, sin embargo, pueden usarse seguidas de una oración si la oración es atémpica:[3]

(9)a. **Junto con** resfriarse, Marta se agarró un dolor de estómago en el paseo.

b. **Además de** no llegar nunca a tiempo, Luis nunca hace la tarea.

c. **Amén de** tener una casa enorme, Roberto tiene un Rolls Royce último modelo.

Las oraciones de (9) son equivalentes a las de (10):

(10)a. Marta se agarró un dolor de estómago **y** se resfrió en el paseo.

b. Luis nunca hace la tarea **ni** llega a tiempo.

c. Roberto tiene un Rolls Royce último modelo **y** una casa enorme.

La conjunción *entre. . .y* es una conjunción copulativa discontinua:

(11) **Entre** Luis **y** su novia se comieron todo el pastel que quedaba.

Ejercicio 3.1. Forme una sola oración con las siguientes oraciones. Clasifique la oración como simple o compuesta. Justifique su respuesta.
1. Lavamos las puertas. Lavamos las ventanas.
2. José estudia italiano. Josefa estudia italiano.
3. Laura no llama a sus padres. Laura no les escribe a sus padres.
4. Laura no conoce a Pepe. El novio de Laura no conoce a Pepe.
5. Luis sacó una A en el examen. Roberto sacó una F.
6. Rosa fue al zoológico. Alfonso no tuvo tiempo para ir al zoológico.

Ejercicio 3.2. Construya oraciones con *estar* + V + *que* + V:
1. Marta estuvo escribiendo toda la tarde.
2. José anda estudiando todo el tiempo para el examen.

---

3 Una conjunción que no se usa copulativamente con sustantivos o adjetivos pero sí con oraciones es *encima de*:

(i) Encima de llegar siempre tarde, Juan protesta cuando el profesor manda tarea.

3. Estuvo entrando y saliendo todo el santo día.
4. No podía venir porque Luisa estaba hablando sin parar.
5. La próxima semana estaré muy ocupado; andaré corriendo todo el tiempo.

3. La coordinación disyuntiva

La coordinación disyuntiva expresa generalmente desunión o separación. La conjunción *o (bien)* es la conjunción disyuntiva. Una oración coordinada disyuntiva une dos oraciones que no pueden ser verdaderas o que no pueden verificarse a un mismo tiempo. A este tipo de conjunción se le denomina conjunción «excluyente»:

(1) Marta sacará una A **o (bien)** volverá a hacer el examen.

Pero las conjunciones disyuntivas también pueden no expresar exclusión. Compárense los ejemplos de (1) y (2):

(2) Marta irá al cine **o (bien)** visitará a sus padres este fin de semana.

En tanto que en (1) no es posible que Marta saque una A y que repruebe el examen simultáneamente, en (2), Marta puede ir al cine y visitar a sus padres el fin de semana a la vez. Este es un caso de conjunción «incluyente». La conjunción *o* es excluyente en (1), pero puede ser excluyente o incluyente en (2).

Es posible repetir la conjunción en ambas oraciones:

(3)a. -¿En que quedaste con Marta y José?
—**O** vendrán a nuestra casa **o** nos llamarán para que vayamos a la suya.

Este tipo de oración es una coordinada distributiva, tema de nuestra siguiente sección.[4]

4. La coordinación distributiva

La coordinación distributiva sirve para relacionar oraciones o frases que se contraponen, pero que no se excluyen. Pueden ser copulativas o disyuntivas y se distinguen porque siempre empiezan con locuciones o expresiones que indican la contraposición. Algunos ejemplos de locuciones distributivas copulativas son: *uno. . .otro, este. . .aquel, cerca. . .lejos, aquí. . .allá, ni. . .ni, que. . . que no,* entre otras.

    (1) Distributivas copulativas:
        a. **(El) Uno** dijo una cosa, **(el) otro** dijo otra.
        b. **Esta** es doctora, **aquella** es ingeniera.
        c. **Cerca** está la iglesia, **lejos** están los pobres.
        d. **Aquí** dijo una cosa, **allá** dijo otra.
        e. **Ni** llamó a sus padres, **ni** les avisó que no iría a cenar.
        f. **Que** venga, **que no** venga, igual iremos de paseo.[5]

Obsérvese que las construcciones de (1) son realmente oraciones yuxtapuestas. En (1a-d) es posible incluir la conjunción *y* sin alterar el significado de las oraciones:

---

4 Es común repetir la conjunción con las construcciones exhortativas con el presente de indicativo cuando hay una amenaza:
    (i)a. ¡O comes o te acuestas!
      b. ¡O te callas o te callo!
En este caso, sin embargo, se interpreta la coordinación como una construcción condicional causativa semejante a la de (ii):
    (ii)a. Si no comes, te haré acostar.
      b. Si no te callas, te haré callar.
Si el primer miembro de la oración aparece en imperativo, no se utiliza la conjunción:
    (iii)a. ¡Ven o te mato!
      b. Si no vienes, te mato.
Analizaremos estas construcciones no como coordinadas (o distributivas), sino como subordinadas condicionales. Véase el capítulo VI.
    5 Esta oración es sinónima de:
    (i) Venga o no venga, igual iremos de paseo.
Obsérvese que (i) es una oración disyuntiva. Como se observa en el *Esbozo de una nueva gramática de la lengua española* (1979: 509), las oraciones coordinadas disyuntivas son una variante de las distributivas. Véase la sección 7.2 del capítulo VI.

(2)a. **(El) Uno** dijo una cosa, y **(el) otro** dijo otra.
  b. **Esta** es doctora, y **aquella** es ingeniera.
  c. **Cerca** está la iglesia, y **lejos** están los pobres.
  d. **Aquí** dijo una cosa, y **allá** dijo otra.

En el ejemplo (1e), *ni* ya contiene a la conjunción *y* (ni = y no), de allí que no sea posible repetir la conjunción como en los ejemplos de (2).

Ejemplos de locuciones distributivas disyuntivas son *ya. . .ya*, *ora. . .ora* (poco usual), *(o) bien. . .(o) bien*, entre otras.

(3) Distributivas disyuntivas:
  a. Está muy extraño el clima. **Ya** hace frío, **ya** hace calor.
  b. **Ora** haga frío, **ora** haga calor, José siempre sale a la calle con su impermeable.
  c. Roberto es completamente impredecible. **(O) bien** llega temprano, **(o) bien** llega tarde.

A diferencia de las oraciones de (2), aquí sí aparece una conjunción frente a cada oración coordinada. Aquí también es posible repetir la conjunción *o*:

(4)a. Está muy extraño el clima. **Ya** hace frío, o **ya** hace calor.
  b. **Ora** haga frío, u **ora** haga calor, José siempre sale a la calle con su impermeable.

El verbo *ser* en el subjuntivo también se usa para expresar la coordinación disyuntiva de una cláusula explicativa:[6]

(5)a. Roberto no habla con María, **sea** porque está enojado con ella, **(o) sea** porque no la conoce.
  b. José no dijo una palabra en clase, **sea** porque estaba cansado, **(o) sea** porque no había leído la lección.

Es posible anteponer la disyunción a la oración principal, como se demuestra en (6a,b). Pero cuando la oración principal está en pasado, además de *sea*, es también posible usar la forma del pasado de subjuntivo *fuera*:

---

6 Véase la sección 8.2 del capítulo VI.

(6)a. **Sea** porque está enojado con ella, **(o) sea** porque no la conoce, Roberto no habla con María.

   b. **Sea** porque estaba cansado, **(o) sea** porque no había leído la lección, José no dijo una palabra en clase.

   c. **Fuera** porque estaba cansado, **(o) fuera** porque no había leído la lección, José no dijo una palabra en clase.

En (6b,c) el hablante cree que una de las dos razones es la causa de por qué José no dijo nada en clase. Pero, si no se compromete a aseverar la causa, entonces usará el subjuntivo, como se demuestra en (7):

(7)a. **Sea** porque estuviera cansado, **(o) sea** porque no hubiera leído la lección, José no dijo una palabra en clase.

   b. **Fuera** porque estuviera cansado, **(o) fuera** porque no hubiera leído la lección, José no dijo una palabra en clase.

Ejercicio 3.3. Indique si las siguientes oraciones son copulativas, disyuntivas, o ninguna de las dos. Justifique su respuesta.

1. Lo busco y no lo encuentro.
2. ¿Quieres hablar conmigo ahora o prefieres esperar a la próxima semana?
3. ¡Llámame o me enojo contigo!
4. Ni la hartura le halaga, ni el ayuno le aprieta.
5. ¡Me lo prestas o te lo quito!
6. Tan pronto está triste, tan pronto llora como un nene.
7. ¡Llámanos o mándanos un fax apenas llegues a Quito!
8. No tenía tu número de teléfono y no pude llamarte.
9. Llegó a su casa y lo llamó por teléfono.
10. Estuve leyendo sobre los lililíes, o gritos de guerra de los moros.

Ejercicio 3.4. Indique si las siguientes oraciones distributivas son copulativas, disyuntivas, o ninguna de las dos. Justifique su respuesta.

1. Ora vengas, ora te quedes, no te olvides de lo que te dije.
2. Bajo el puente de Aviñón, unos cantan, otros bailan.
3. Ni hace frío, ni hace calor. ¡Está perfecto el día!
4. O me pagas lo que me debes, o te pongo una demanda.
5. O iremos al campo o iremos a las montañas. Todavía no sabemos.
6. Fuera porque no tenía dinero o porque no le gustó el modelo, Ana no se compró esa cámara de $500.
7. Aquí me piden un documento, allí me piden otro. No sé qué hacer.

8. Tengo dos hermanos: José y Marcos. Este está estudiando para médico, aquel es químico.

9. Estos consejeros me confunden. Unos dicen que me matricule ahora, otros dicen que lo haga el próximo semestre.

10. Sea porque quiera estudiar griego, sea porque le guste Grecia, Paco se irá a pasar el año a Creta.

11. Unas veces hablaba todo el rato, otras, no decía ni palabra.

12. Roberto, o bien fuma sin parar, o bien se pasa meses sin encender un cigarrillo.

5. La coordinación adversativa

La coordinación adversativa sirve para expresar contrariedad entre dos oraciones, excluyendo o restringiendo en la segunda lo que se afirma en la primera. Así pues, hablaremos de «coordinación adversativa exclusiva» y de «coordinación adversativa restrictiva».

5.1. La coordinación adversativa exclusiva. En una coordinada adversativa exclusiva, las oraciones son incompatibles o se excluyen entre sí. Las conjunciones adversativas excluyentes son *sino (que)* y *antes*:[7]

(1)a. No fuimos al cine anoche, **sino que** nos quedamos en casa.
  b. No deberías quejarte de ella, **antes**, deberías estarle agradecido.

Se puede reforzar el sentido excluyente de la conjunción con las locuciones *bien*, *más bien*, *por el contrario*, *además*, etc.:

(2)a. No fuimos al cine anoche, **sino (que)**, **más bien/por el contrario**, nos quedamos en casa.
  b. No deberías quejarte de ella, **antes bien**, deberías estarle agradecido.

5.2. La coordinación adversativa restrictiva. En una coordinada adversativa restrictiva, la contrariedad de las oraciones es parcial y expresamos corrección o restricción del juicio de la primera oración. Algunas conjunciones adversativas restrictivas son: *pero*, *mas* (uso literario),[8] *aunque*, *menos*, *excepto*, *salvo*,

---

7 *Antes*, como conjunción adversativa significa «más bien» o «por el contrario». No confundir con el adverbio de tiempo.

8 No confundir con el adverbio comparativo *más*, el cual lleva acento. *Mas*, conjunción adversativa, es sinónimo de *pero*. *Mas que* significa *aunque*:

(i) Mas que no quieras, te visitaré esta tarde.

fuera de, aparte de, empero (uso literario), *por lo demás, con todo, más bien, no obstante, sin embargo,* etc.:

(1)a. Es muy inteligente, **pero** no me cae muy bien.

    b. Estudia mucho, **mas** no saca buenas notas.

    c. Siempre estudio mucho, **aunque** nunca saco una buena nota.[9]

    d. Lo hace bien todo, **menos/excepto/salvo** enseñar.

    e. No hice nada el fin de semana pasado, **fuera de/aparte de** estudiar para el examen de historia.

    f. Los saludé; **por lo demás**, no tengo motivo para no hacerlo.

    g. Ese profesor es muy famoso; **con todo**, yo lo encuentro muy mal profesor.

    h. No estás gorda; **más bien**, yo diría que te ves huesuda.

    i. Estaba enojada conmigo; **no obstante/sin embargo**, sonrió cuando la saludé.

Ejercicio 3.5. Indique si las siguientes oraciones son adversativas exclusivas o adversativas restrictivas:

1. No me pidió que le ayudara, sino que la dejara tranquila.
2. No nos dejes caer en la tentación, mas líbranos de todo mal.
3. Son muy ricos, aunque no lo parecen.
4. Se memorizó todas las reglas; sin embargo, apenas pudo resolver el problema.
5. No sólo lo admira; antes bien, lo idolatra.
6. No es malo tu proyecto; con todo, tendremos que estudiarlo detenidamente.

Ejercicio 3.6. Forme oraciones compuestas usando una de las conjunciones indicadas. Haga todos los cambios que sean necesarios:

1. Tiene cinco hijos. Quiere tener uno más. (sino, por lo demás, con todo)
2. Marta no quiere ir a España este verano. Prefiere seguir unos cursos de verano. (sino, por lo demás, sin embargo)
3. No tengo casi nada que hacer. Sólo tengo que lavar el coche. (con todo, fuera de, no obstante)
4. No se contentaron con que despidieran al profesor. Exigieron que lo metieran a la cárcel. (antes bien, sin embargo, sino que además)

---

9 No confundir con el significado concesivo de *aunque*:

    (i) Aunque siempre estudio mucho, nunca saco una buena nota.

El *aunque* adversativo normalmente precede a la segunda oración coordinada y es sinónimo de *pero*. Para las construcciones concesivas, véase el capítulo VI.

5. Estudió mucho. Sacó una F. (antes bien, sin embargo, sino)
6. Quería verla. No sabía dónde estaba. (antes bien, por lo demás, mas)
7. Me han arreglado el reloj. No funciona. (aunque, excepto, antes bien)
8. No es hora de jugar. Es hora de dormir. ¡A la cama! (con todo, pero, sino)
9. Vive en Oregón. No sé en qué ciudad. (con todo, pero, sino)
10. Son muy inteligentes. No lo parecen. (por lo demás, salvo, aunque)

Ejercicio 3.7. Complete las oraciones siguientes usando las locuciones indicadas:
1. No quiere hacer nada excepto . . .
2. Sea porque. . . ., sea porque. . ., Juan tiene mucho éxito con las mujeres.
3. Le cantó «Bésame mucho» al oído; no obstante,. . .
4. Los romanos crearon un gran imperio, aunque . . .
5. Fuera porque. . . ., fuera porque. . ., ese coñac se me subió muy rápido a la cabeza.
6. No aprendió a tocar la flauta, sino que . . . .
7. Ellos son culpables de tus desgracias; no obstante, . . .
8. Esas canciones eran muy estridentes; con todo, . . .
9. La una tiene una muñeca vestida de azul, la otra . . .
10. Ya fuera porque . . ., o ya porque . . ., Antonio decidió divorciarse de su mujer.
11. No hace nada durante el día aparte de . . .
12. Por fin me atreví a confesarle mi amor, mas . . .
13. No estaban satisfechos con su trabajo, más bien . . .
14. Julia no tiene derecho a indignarse así; por lo demás . . .
15. Ni había estrellas en el cielo, ni . . .; pero aún así . . .
16. O bien . . ., o bien . . .; pero . . .
17. No había un alma en la calle; sin embargo, . . .
18. Aquí . . ., allí. . . . ¡La pobre estaba desesperada!
19. ¡Te casas conmigo o . . .!
20. Ese fresco no te invita a comer porque no tenga dinero, sino más bien porque . . .

6. La coordinación explicativa

En la coordinación explicativa una proposición o bien aclara el significado, o bien indica la consecuencia o conclusión de la oración anterior. En el primer caso hablaremos de «locuciones explicativas en sí»; en el segundo, de «locuciones explicativas consecutivas». Locuciones explicativas en sí son *esto es, es decir, o sea*, etc.:

(1) Locuciones explicativas en sí:
    a. Pedro es lingüista; **esto es**, investiga la capacidad del lenguaje.
    b. Marta es otorrinolaringóloga; **es decir**, trata a pacientes con problemas de oído, nariz o laringe.
    c. Esta es una locución explicativa; **o sea**, explica el significado de la oración anterior.

Algunas locuciones consecutivas son: *luego, así que, por consiguiente, pues, por lo tanto, de manera que, de ahí que,*[10] *así pues,* etc.

(2) Locuciones consecutivas:
    a. Pienso; **luego** existo.
    b. Lo acusaron de desfalco, **así que** lo despidieron.
    c. Terminé mi trabajo; **por consiguiente**, me voy a dar una vuelta al parque.
    d. No me escuchaste; **pues** ahora lo estás pagando.
    e. Se rebeló contra sus padres; **por lo tanto**, ahora vive solo.
    f. Se presentó de voluntario al Cuerpo de Paz; **de manera que** lo enviaron al Africa.
    g. Se había leído toda la obra de Borges; **de ahí que** conociera tan bien su filosofía de la vida.
    h. Salió mal en el examen final; **así pues**, tuvo que repetir el curso.

Ejercicio 3.8. Complete las siguientes oraciones lógicamente.
1. No te voy a comprar ese juguete; así que . . .
2. Mañana es tu cumpleaños; por lo tanto . . .
3. La ballena es un mamífero; es decir . . .
4. No quiso dirigirse a la multitud que lo vitoreaba; por consiguiente . . .
5. La humanidad todavía corre un grave peligro; de ahí que . . .
6. Alberto es mahometano, o sea . . .
7. El profesor Martínez siempre le trae flores a su secretaria; pues . . .
8. Rosalía estaba despechada; así pues . . .
9. Los Titicacas son bicampeones; esto es . . .
10. Se echó a llorar, luego . . .

---

10 *De ahí que* puede aparecer con indicativo o subjuntivo:
(i)a. Estaba enfermo; de ahí que me quedé en casa.
   b. Estaba enfermo; de ahí que me quedara en casa.
Al usar el subjuntivo en (ib) se asume que el interlocutor sabe que el hablante se quedó en casa; al usar el indicativo en (ia) el hablante informa que se quedó en casa.

Ejercicio 3.9. Identifique la coordinación en los siguientes ejemplos:[11]
1. Que quiera que no quiera, el burro ha de ir a la feria. (Refrán)
2. No vivimos para pensar sino que pensamos para lograr subsistir o pervivir. (Ortega y Gasset)
3. Innumerables cosas del más alto rango debemos a los griegos, pero también les debemos las cadenas. (Ortega y Gasset)
4. La noche está estrellada y tiritan, azules, los astros a lo lejos. (Neruda)
5. Estaban los nuestros muy ocupados con los moros para esas caballerías; mas al desembarazarse de ellos derramáronse por esos mundos de Dios. (Unamuno)
6. El mundo no tiene sentido, ni ha de esperarse que el justo prevalezca; (pero) al justo le queda su conciencia, y al codicioso su codicia, y al amante, su amor, y aún es posible reírse un poco. Los hombres somos huérfanos y a la orfandad hemos de resignarnos. (Maetzu)
7. No podemos elegir el siglo ni la jornada o fecha en que vamos a vivir ni el universo en que vamos a movernos. El vivir o ser viviente, o lo que es igual, el ser hombre no tolera ni preparación ni ensayo previo. La vida nos es disparada a quemarropa. (Ortega y Gasset)
8. Adriana se pasaba el día, cuando leyendo folletines, cuando extraviada en imaginaciones quiméricas. (Pérez de Ayala)
9. No posee el avaro su hacienda, sino que es poseído por ella. (Refrán)
10. En tu casa no tienes sardina y en la ajena pides gallina. (Refrán)

Ejercicio 3.10. Complete las oraciones siguientes lógicamente. Luego identifique el tipo de coordinación.
1. Está lloviendo a chuzos; de manera que . . .
2. Fuera porque . . . ., fuera porque . . ., Valentín llegó a casa muerto de cansancio.
3. Los amenazaron con lanzarles una bomba atómica; con todo . . .
4. Representaba un peligro para la salud pública; luego . . .
5. Esas secretarias no hacen nada aparte de . . .
6. Le regaló un anillo de diamantes, mas . . .
7. Marta no fue al cine con su novio anoche; más bien . . .
8. Mi hermanita es zurda; o sea . . .
9. Juana Josefa se lanzó de un décimo piso; sin embargo . . .
10. El pobre Pedro no sabe qué hacer; ya . . . ., o ya . . .
11. Sus dos hijos son increíbles. El uno. . ., el otro . . .

---

11 Citas sacadas de Camus Cisnero (1987) y de J. A. Pérez Rioja (1966).

12. Alfonso nunca toma la iniciativa; sino que . . .
13. Sea porque . . ., sea porque . . ., quiere ser gerente de una fábrica de jabón.
14. José es un maleducado, pero . . .
15. Mi hermanito es ambidiestro; es decir . . .
16. Había matado 3 gatos y 2 conejos; de ahí que . . .
17. Isabel gana tanto dinero como yo; no obstante . . .
18. Aunque Pedro nunca estudia, siempre saca sobresaliente en todos sus cursos. O bien . . ., o bien . . .
19. Catalina vino con nosotros a la fiesta, pero ni . . ., ni . . .
20. ¿No me das los buenos días porque dormiste conmigo o . . .?
21. Este verano hice de todo menos . . .
22. Estoy más ciego que un topo; por consiguiente . . .
23. Pasaban una buena película en la televisión; por lo tanto . . .
24. Joselito no le hacía la pelota al profesor; antes bien . . .

Ejercicio 3.11. Complete las oraciones siguientes con el tipo de coordinación indicado. Haga los cambios necesarios o agregue más oraciones si la lógica de su respuesta así lo requiere.

1. Los esperamos una hora en ese café; . . .   (adversativa)
2. Ese poeta es un misógeno; . . .   (explicativa)
3. No entendimos su conducta . . .   (disyuntiva)
4. Unos gritaban despavoridos, . . .   (distributiva)
5. O bien hablaba como loro, ...   (distributiva)
6. Sea porque está enamorado, . . .   (distributiva)
7. Esta es una vasija chimú, . . .   (explicativa)
8. Era una persona divertidísima; . . .   (explicativa)
9. Todo salió a pedir de boca . . .   (copulativa)
10. Se pasó toda la noche de juerga; . . .   (adversativa)
11. La contaminación ha aumentado; . . .   (explicativa)
12. Fuera porque tenía muchos amigos, . . .   (distributiva)

Ejercicio 3.12. Extraiga todas las oraciones coordinadas del siguiente texto y clasifíquelas. Justifique su respuesta.

Estas reflexiones en torno al estudio del lenguaje no serán, en su mayor parte, de tipo técnico, aunque tendrán cierto carácter especulativo y personal. No voy a tratar de resumir el estado actual de conocimiento en las diversas áreas del estudio del lenguaje con las que estoy familiarizado, ni de discutir con cierta profundidad las investigaciones que se están llevando a cabo a este respecto; más bien, quiero considerar el enfoque y el propósito de la empresa e indagar -y, según espero, explicar- por qué los resultados obtenidos por la lingüística técnica pueden interesar a cualquier persona que no sienta, desde un principio, una gran fascinación ante la relación que existe entre la formación de preguntas y la anáfora, los principios del ordenamiento de reglas en la fonología,. . . Trazaré lo que, en mi opinión, constituye un marco teórico adecuado dentro del cual el estudio del lenguaje puede demostrar que tiene un interés más general; asimismo estudiaré las posibilidades de construir una especie de teoría de la naturaleza humana con base en un modelo de este tipo.

Noam Chomsky, *Reflexiones acerca del lenguaje*, p. 11.[12]

---

12 Traducción de Ernesto de la Peña, 1981, México: Editorial Trillas.

IV.

LA SUBORDINACION SUSTANTIVA

CAPITULO IV:

LA SUBORDINACION SUSTANTIVA

0. Introducción

Las oraciones subordinadas se pueden clasificar en tres tipos:

(a) subordinadas sustantivas
(b) subordinadas adjetivas
(c) subordinadas adverbiales

Se encuentran las oraciones subordinadas en posiciones donde normalmente aparecen los sustantivos, adjetivos o adverbios. Según esta distribución, nos referiremos a subordinadas sustantivas, adjetivas o adverbiales, respectivamente. En este capítulo nos ocuparemos de las subordinadas sustantivas. De los otros dos tipos de subordinación nos ocuparemos en los capítulos a seguir.

1. Tipos de subordinación sustantiva

Según el *Esbozo de una nueva gramática de la lengua española* de la RAE (1979), las oraciones subordinadas sustantivas pueden aparecer en las siguientes posiciones:

(1)a. complemento directo de un verbo
    i. María vio [al criminal].
    ii. María vio [que el criminal huía de la policía].
  b. complemento directo de un nombre
    i. su deseo de [paz]
    ii. su deseo de [que haya paz]

    c. complemento directo de un adjetivo
      i. deseosos de [la paz]
      ii. deseosos de [que haya paz]
    d. sujeto
      i. [Su comportamiento] no me sorprende.
      ii. [Que se comporte así] no me sorprende

Una oración con un infinitivo tiene la misma distribución:

(2)a. complemento directo de un verbo
     María desea [ir a España]
   b. complemento directo de un nombre
     su deseo de [visitar Portugal]
   c. complemento directo de un adjetivo
     deseosos de [tener unas largas vacaciones]
   d. sujeto
     [Dormir tanto] no es bueno para la salud

En las próximas secciones trataremos de cada una de estas construcciones.

2. Subordinación sustantiva como complemento de un verbo

Cuando una oración aparece como complemento directo de un verbo, nos encontramos frente a un caso de subordinación sustantiva de complemento o subordinación sustantiva complementaria. Las subordinadas sustantivas pueden ser o aseverativas, interrogativas o exclamativas.

2.1. Las complementarias aseverativas. Las oraciones sustantivas aseverativas en posición de complemento directo de un verbo normalmente aparecen precedidas por el complementante *que*:

(1)a. Pedro dice [que Marta trabaja mucho].
   b. No creo [que Roberto haya dicho eso].
   c. Te ruego [que no le digas nada de esto a mi novia].

Cuando se subordina más de una oración se repite normalmente el complementante:

> (2)a. Pedro dijo [que Marta vendría mañana] y [que nos traería regalos
>   a todos].
>   b. José teme [que el profesor le ponga mala nota] y [que tendrá que
>   repetir el curso].

Con algunos verbos, en especial con verbos de temor, voluntad y deseo,
es posible no usar complementante. Este registro es común tanto en la lengua
hablada como en la literaria:

> (3)a. Temo [ɸ estén enojados].
>   b. Te ruego [ɸ me escribas pronto].
>   c. Espero [ɸ me hayas dicho toda la verdad].

Con las construcciones de (3), sin embargo, si aparece un sujeto preverbal, el
uso del complementante es obligatorio:[1]

> (4)a. Temo [*(que) Josefa esté enojada].
>   b. Pidió [*(que) yo llamara a Rosalía].
>   c. Espero [*(que) Luis se case pronto].

A veces se usa *como* en lugar de *que*:

> (5)a. Verás como les digo tres verdades a esos infelices.
>   b. Me contó como Rosa se había divorciado de su marido.

Sin embargo, este uso de *como* es muy poco habitual en la lengua moderna,
si bien se encuentra en la literatura clásica:[2]

> (6)a. Vos veréis ahora. . . como yo no me quedo atrás en hacer vuestro
>   mandamiento. (Cervantes, *Galatea*, lib. VI)
>   b. Dentro de dos horas se supo como estaban alojados seis millas lejos,
>   entre dos arroyos, con sus mujeres, hijos y haciendas. (Moncada,
>   *Expedición*, 9)

---

1 *(que)* significa que no es aceptable el no uso del complementante *que*.

2 Ejemplos sacados de la RAE (1931: §380d). Véase también la gramática de Bello
y Cuervo (1977: §1233).

Un infinitivo también puede aparecer como complemento aseverativo:

(7)a. Evita [comer cosas fritas].
   b. Desea [invitarte a cenar].

En este caso no aparece complementante ni un sujeto expreso en la oración subordinada.

Los verbos de percepción pueden aparecer con un sujeto expreso. En este caso, el sujeto del verbo de percepción aparece como si fuera un complemento del verbo de percepción; tiene una «*a*-personal», típica de los complementos directos humanos, y recibe caso acusativo:

(8)a. Vio [a María salir de la casa].
   b. Oyó [a Susana cantar un aria de Puccini].
   c. La vio salir de la casa.
   d. La oyó cantar un aria de Puccini.

Los verbos de percepción permiten una construcción proléptica, en la cual el sujeto de la subordinada puede preceder a la subordinada cuando el verbo es témpico:[3]

(9)a. Vio que María salía de la casa.
   b. Vio a María que salía de la casa.
   c. La vio que salía de la casa.
   d. Oyó que Susana cantaba un aria de Puccini.
   e. Oyó a Susana que cantaba un aria de Puccini.
   f. La oyó que cantaba un aria de Puccini.

2.2. Las complementarias interrogativas. Ciertos verbos requieren de complementos interrogativos. Se explica así la diferencia entre (1) y (2):

(1)a. Marta cree [que Pedro está casado].
   b.*Marta cree [si Pedro está casado].
(2)a.*Marta se pregunta [que Pedro está casado].
   b. Marta se pregunta [si Pedro está casado].

---

3 En algunos dialectos, los complementos también pueden preceder a la oración:
(i)a. Vi a José que se lo llevaban preso.
   b. Vi a José que le daba golpes la policía.
Véase Campos (1993).

El verbo *creer* en (1) requiere de un complemento aseverativo, de ahí que la pregunta indirecta *[si Pedro está casado]* no sea posible en (1). El verbo *preguntarse*, por otra parte, requiere de un complemento interrogativo; por eso la oración aseverativa *[que Pedro está casado]* no es posible en (2).

El ejemplo (2b) es un ejemplo de una pregunta indirecta. La pregunta directa sería la que encontramos en las oraciones yuxtapuestas en (3):

(3) Marta se pregunta: «¿Está casado Pedro?»

Vemos que si la pregunta directa es una pregunta simple, es decir, que se puede responder con *sí/no*, entonces el complementante es *si*.[4] Otros ejemplos de preguntas indirectas simples aparecen en (4):

(4)a. Dime: «¿Ha llegado tu hermano?»
    b. Dime [si ha llegado tu hermano].
    c. Pregúntale: «¿Regresaste temprano de la fiesta?»
    d. Pregúntale [si regresó temprano de la fiesta].

Si la pregunta directa es específica, es decir, que requiere de información específica, entonces el elemento interrogativo encabeza la oración subordinada:

(5)a. Dime [cuándo ha llegado tu hermano].
    b. Pregúntale [a qué hora regresó de la fiesta].

---

4 El complementante *si* puede aparecer también con el adverbio *acaso*:
(i) Dime si acaso ha llegado tu hermano.
También es posible que sólo aparezca *acaso* introduciendo a la complementaria interrogativa:
(ii) Dime acaso ha llegado tu hermano.
Sin embargo, sólo *si* puede aparecer con una subordinada atémpica:
(iii)a. No sé si hacer la tarea (o no).
    b.*No sé acaso hacer la tarea (o no).
Este contraste es muy similar al contraste entre los complementantes *if* and *whether* en inglés, como se demuestra en (iv):
(iv)a. I don't know whether I should do the homework (or not).
    b. I don't know if I should do the homework (or not).
    c. I don't know whether to do the homework (or not).
    d.*I don't know if to do the homework (or not).
Esto parece sugerir que *acaso* puede ser también un complementante en español, equivalente al *if* inglés, en tanto que *si* es equivalente a *whether*.

Consideremos ahora los verbos de comunicación *decir* y *repetir*. Con estos dos verbos tenemos dos posibilidades cuando aparece una oración complementaria interrogativa: la oración interrogativa puede o no ir precedida del complementante:

(6)a. José me dijo/repitió [por qué María lo amaba tanto].
   b. José me dijo/repitió que [por qué María lo amaba tanto].

Según las gramáticas tradicionales,[5] el complementante *que* que aparece en los ejemplos de (6) es un *que pleonástico*, o sea, un *que* redundante y vicioso. Sin embargo, en un importante artículo sobre el tema, Susan Plann[6] ha demostrado que hay una diferencia semántica entre (6a) y (6b). (6b) es una pregunta indirecta, equivalente a las oraciones yuxtapuestas de (7):

(7) José me dijo/repitió: «¿Por qué María me ama tanto?»

En (6b), por lo tanto, José me hace una pregunta. En (6a), por otra parte, José me dice la razón por la que María lo ama tanto y no me hace ninguna pregunta. Diremos que (6a) es, por lo tanto, una «seudo-interrogativa», o sea, una oración interrogativa que no se interpreta realmente como una pregunta, aunque tiene la estructura de una pregunta indirecta. Vemos, entonces, que con *decir* y *repetir*, la presencia del complementante es obligatoria si se quiere hacer una pregunta indirecta. Como lo ha demostrado Plann, el *que* de (6b) no tiene nada de pleonástico.

Los verbos *gemir, sollozar* y *balbucear* también requieren de un complementante que precede a la interrogativa para formar una pregunta indirecta. En (8) se muestran las correspondientes preguntas directas e indirectas:[7]

(8)a. Margarita gimió/sollozó/ balbuceó: «¿Por qué no habrán puesto el aire acondicionado?»
   b. Margarita gimió/sollozó/balbuceó que [por qué no habrían puesto el aire acondicionado].

Sin embargo, y a diferencia de (6b), (8b) sería agramatical sin la presencia de *que*:

---

5 Véanse RAE (1931: §388d), Bello y Cuervo (1977: §1154), entre otras obras.
6 Véase Plann (1982).
7 Obsérvese que estos verbos constituyen un subgrupo de los verbos de comunicación ya que especifican la «manera» en que se efectúa la comunicación.

(9)* Margarita gimió/sollozó/balbuceó [por qué no habrían puesto el aire acondicionado].

Vemos que estos tres verbos requieren de un complemento interrogativo indirecto pero no de un complemento seudo-interrogativo.

Otros verbos de comunicación, como los verbos *contar*, *relatar* o *referir* sólo permiten un complemento seudo-interrogativo, de ahí que la presencia del complementante no sea aceptable:

(10)a. Luis nos contó/relató/refirió [por qué Marta lo quiere tanto].
  b.*Luis nos contó/relató/refirió que [por qué Marta lo quiere tanto].

Finalmente consideremos los verbos *preguntar* y *preguntarse*. Debido a la naturaleza semántica de estos verbos, el complemento sólo puede ser una pregunta y no una seudo-pregunta. En estos casos la presencia o ausencia del complementante *que* no afecta el significado de la oración:

(11)a. Marta me preguntó (que) si quería ir al cine con ella.
  b. Luisa se preguntaba (que) por qué tenía que ir de compras.

El siguiente cuadro resume el comportamiento de los verbos discutidos anteriormente:[8]

(12)	ϕ + QU	que + QU
a. decir	seudo-pregunta	pregunta indirecta
b. repetir	seudo-pregunta	pregunta indirecta
c. gemir	*	pregunta indirecta
d. sollozar	*	pregunta indirecta
e. balbucear	*	pregunta indirecta
f. contar	seudo-pregunta	*
g. relatar	seudo-pregunta	*
h. referir	seudo-pregunta	*
i. preguntar	pregunta indirecta	pregunta indirecta
j. preguntarse	pregunta indirecta	pregunta indirecta

Vemos que el complementante puede aparecer frente a una subordinada interrogativa con los verbos de comunicación para indicar una pregunta indirecta.

---

8 Usamos el símbolo *QU* para indicar una palabra interrogativa.

Ejercicio 4.1. Transforme las siguientes oraciones yuxtapuestas en oraciones compuestas:
1. Marta advirtió: «No vendré a la reunión si discutimos eso».
2. Luis te dijo: «¿A qué hora acabarás de cenar?»
3. Los padres les escribieron: «¿Cuándo vendrán a visitarnos?»
4. Luis le dijo: «¡Cállate!»
5. Roberto le gritó: «¿Me puedes traer el martillo?»
6. El profesor les repitió: «¿Cuándo se pondrán a estudiar seriamente?»
7. El padre le preguntó: «¿Ha quedado claro lo que dije?»
8. Yo me pregunto: «¿Podré aprender toda esta gramática?»
9. Joselito contó: «Me acosté a las 4 de la mañana».
10. Mi hermana me ordenó: «¡Ponte el suéter antes de salir».

Ejercicio 4.2. Transforme las oraciones siguientes en oraciones compuestas. Luego transforme la oración subordinada en una oración seudo-interrogativa:

Ej.: José dijo: «Llegaré a las 3 de la tarde».
José dijo [que llegaría a las 3 de la tarde].
José dijo [a qué hora llegaría].

1. Marisol aclaró: «Maté a Luis porque me ponía los cuernos».
2. Ricardo dijo: «Les cobraré 50 dólares por ese billete».
3. La policía especificó: «El maleante se escapó por este agujero».
4. El nene repitió: «Quiero así de mucho a mi mamá».
5. El profesor pronosticó: «Cinco estudiantes reprobarán este curso».
6. El testigo gritó: «¡El asesino es el juez!»
7. Roberto me escribió: «Me levanto a las 5 de la mañana todos los días».
8. Igone me dijo: «Tengo exactamente 250 discos compactos».
9. El informe especificó: «Murió a causa del exceso de barbitúricos».
10. Jorge insinuó: «Te visitaré cuando acabes ese proyecto».

2.3. Las complementarias exclamativas. Una oración exclamativa también puede aparecer subordinada como complemento de un verbo de percepción física o mental, así como de un verbo de reacción:[9]

---

9 Véase la sección 2.4.2 para una lista de estos verbos.

(1)a. ¡Mira qué bonita es esa nena!

    b. Recuerdo cuánto bailé en esa fiesta.

    c. No sabes cuán divertido es ese profesor.

    d. No te imaginas cuántos novios tiene María.

    e. Me sorprendió cuántas veces se enfermó.

Se puede comprobar que estas oraciones son exclamativas ya que se pueden remplazar por las fórmulas exclamativas que discutimos en el capítulo 1, sección 2.1.3:

(2)a. ¡Mira lo bonita que es esa nena!

    b. Recuerdo lo (mucho) que bailé en esa fiesta.

    c. No sabes lo divertido que es ese profesor.

    d. No te imaginas la (cantidad) de novios que tiene María.

    e. Me sorprendió la (cantidad) de veces que se enfermó.

Muchas de estas oraciones son ambiguas entre una pregunta indirecta (seudo-pregunta) y una exclamativa indirecta:

(3)a. Recuerdo cuántas novias tuvo Cristóbal

    (i) Recuerdo que Cristóbal tuvo una cantidad definida de novias. (seudo-pregunta)

    (ii) Recuerdo las muchas novias (la cantidad de novias) que tuvo Cristóbal. (exclamativa indirecta).

Ejercicio 4.3. Indique si las siguientes construcciones contienen oraciones exclamativas subordinadas. Indique cuáles son ambiguas y explique la ambigüedad.

1. Me sorprendió cuánto comió Juanito esta noche.
2. Dime cuántos hermanos tenía Eusebio.
3. Recuerdo cuántos hermanos tenía Eusebio.
4. No sé cuán lejos vive.
5. ¡Averigua cuán lejos vive!
6. Todavía no averiguan cuán lejos vive.
7. Se dio cuenta de cuán lejos vivía.
8. Me fascina a cuántos autores conoce.
9. Pregúntale a cuántos autores conoce.
10. Confesó a cuántas personas había estafado.

2.4. Sobre el subjuntivo en las subordinadas complementarias.[10] Sabemos que en la gran mayoría de los casos, si el verbo principal indica influencia,[11] emoción,[12] juicio de valor,[13] y posibilidad/probabilidad,[14] el verbo de la oración subordinada aparece en el modo subjuntivo:

    (1)a. Quiero [que (tú) me traigas mis discos]. (INFL)
       b. Me alegro de [que puedas venir a la fiesta]. (EMOC)
       c. No creo [que Roberto sepa nada del asunto]. (JUICIO)
       d. Es posible [que Marisol se divorcie este mes]. (POS.)

Los casos de (1) aparecen en la mayoría de las gramáticas pedagógicas del español como lengua extranjera y no nos detendremos en ellos. Vamos ahora a discutir algunas clases de verbos que han recibido menos atención y que, con todo, son construcciones muy comunes.[15]

2.4.1. Los verbos de comunicación. Los verbos de comunicación[16] pueden o no indicar INFLUENCIA. Esto se demuestra en (2):

    (2)a. Pedro me dijo: «Llego a la universidad a las 8».
       b. Pedro me dijo: «¡Llega a la universidad a las 8!"

En (2a), *decir* es un verbo de [-INFLUENCIA] ya que Pedro sólo me está dando información sobre cuándo llega a la universidad. En (2b), Pedro me está

---

10 Las listas de esta sección provienen de Borrego et al (1985).

11 Dentro de esta categoría se encuentran los verbos de deseo, necesidad, mandato, prohibición, permiso, consejo, etc. Algunos ejemplos de estos verbos son: *aprobar, conseguir, decretar, dejar, intentar, invitar, lograr, mandar, necesitar, oponerse, ordenar, permitir, prohibir, querer, recomendar, rogar, suplicar,* etc.

12 Ejemplos de verbos de emoción son: *aburrir, alegrar, apenar, apetecer, disgustar, divertir, doler, encantar, extrañar, fastidiar, gustar, importar, interesar, lamentar, preferir, sentar, sentir, sorprender,* etc.

13 Algunas expresiones de juicio de valor son *es lógico, es una pena, es una tontería, está bien, parece adecuado, parece conveniente, considero un robo, veo contraproducente,* etc.

14 Expresiones de posibilidad/probabilidad son *es posible, es imposible, es probable, es improbable, es difícil, hay posibilidades,* etc.

15 La única excepción es el texto de Borrego et al. antes citado, del cual adopto las reglas aquí dadas.

16 Algunos verbos de comunicación son: *escribir, telefonear, comunicar, contar, referir, confesar, gritar, afirmar, murmurar, explicar, manifestar, contestar, revelar, sostener, jurar, fingir, significar,* etc. Véase también la sección 2.2.

dando una orden. En (2b), por lo tanto, el verbo *decir* sí indica [+INFLUEN-CIA]. Si combinamos estas oraciones yuxtapuestas en una oración compuesta, el caso donde *decir* implica [+INFLUENCIA] requiere del subjuntivo en la oración subordinada, en tanto que si implica [-INFLUENCIA], requiere del indicativo:

(3)a. Pedro me dijo [que **llegaba** a la universidad a las 8].
   b. Pedro me dijo [que **llegara** a la universidad a las 8].

¿Qué ocurre si el verbo de comunicación aparece en la forma negativa o interrogativa? Consideremos primero el caso del mandato, donde el verbo *decir* es [+INFLUENCIA]:

(4)a. Pedro no me dijo: «¡Llega a la universidad a las 8!»
   b. ¿Te dijo Pedro: «¡Llega a la universidad a las 8!»?

Si queremos formar una oración compuesta, se mantiene el subjuntivo, como en el ejemplo (3b):

(5)a. Pedro no me dijo [que **llegara** a la universidad a las 8].
   b. ¿Te dijo Pedro [que **llegaras** a la universidad a las 8]?

Vemos, por lo tanto, que un verbo de [+INFLUENCIA] siempre requiere de un subjuntivo en la oración subordinada.

Consideremos ahora lo que ocurre cuando el verbo *decir* es [-INFLUEN-CIA]. Existe una diferencia en español entre (6a) y (6b):

(6)a. Pedro no me dijo que **había ido** a la fiesta.
   b. Pedro no me dijo que **hubiera ido** a la fiesta.

La oración de (6a) es ambigua. La primera lectura proviene de las oraciones yuxtapuestas de (7):

(7) Pedro no me dijo: «Yo fui a la fiesta».

Llamaremos a esta construcción «negación contextual», ya que estamos ne-gando una oración directa. La segunda lectura implica que el hablante sabe que Pedro fue a la fiesta y nos informa que eso es lo que Pedro no le dijo. Es decir, en esta segunda lectura el hablante tiene un compromiso con la realidad;

sabe que la subordinada es verdad, pero nos informa que esto es lo que Pedro no le dijo.

En (6b), por otra parte, el hablante no sabe si Pedro fue a la fiesta o no porque Pedro no se lo dijo y esto es lo que nos está informando. Por lo tanto, al usar el subjuntivo, el hablante no se compromete con la realidad.

Lo mismo se observa en (8):

(8)a. Pedro no me dijo que **conocía** a María.
   b. Pedro no me dijo que **conociera** a María.

(8a), al igual que (6a), es ambigua. Puede significar el rechazo contextual de (9):

(9) Pedro no me dijo: «Yo conozco a María».

A la vez, puede significar que el hablante sabe que Pedro conoce a María, pero que este no se lo dijo. En (8b), el hablante no sabe si Pedro conoce a María porque Pedro no se lo dijo y eso es lo que nos informa.

Resumiendo, vemos que con un verbo de comunicación negativo, el uso del indicativo en la subordinada implica o negación contextual o compromiso con la realidad. Al usar el subjuntivo el hablante no se compromete con la realidad.

Consideremos ahora el caso cuando el verbo de comunicación aparece en una interrogativa. Nuevamente existe tanto la construcción con indicativo como la construcción con subjuntivo, como se muestra en (10):

(10)a. ¿Te dijo Pedro que **conocía** a Marta?
    b. ¿Te dijo Pedro que **conociera** a Marta?

En (10a) preguntamos si, de hecho, Pedro le dijo al hablante que conocía a Marta; es decir, queremos un compromiso con la realidad por parte de la persona con quien se está hablando. En (10b) no existe ese compromiso; sólo quiero saber si Pedro dijo que conocía a Marta. En otras palabras, cuando usamos el indicativo en la subordinada, preguntamos por la realidad de la subordinada; cuando usamos el subjuntivo en la subordinada, preguntamos por la realidad del verbo de comunicación.

Por lo tanto, en las oraciones interrogativas, así como en las negativas con los verbos de comunicación, el uso del indicativo sugiere un compromiso con la realidad, mientras que el uso del subjuntivo no muestra tal compromiso.

Ejercicio 4.4. Forme oraciones compuestas a partir de las siguientes oraciones yuxtapuestas:

1. Pedro murmuró: «Estoy listo para armar un escándalo».

2. La novia de Pedro dijo: «¡Vamos a gritar por las calles!».
3. Los manifestantes gritaban: «¡Que se vaya el dictador!».
4. El dictador juró: «Me iré cuando me muera».
5. La mujer del dictador también le gritaba: «¡Renuncia ya!».
6. El dictador les contestó: «¡Cállense!».
7. El dictador le ordenó al jefe de policía: «¡Fusilen a los manifestantes».
8. Los diarios publicaron: «Los tres manifestantes murieron en trágico accidente».

Ejercicio 4.5. Explique la diferencia entre los siguientes pares de oraciones:
1. (a) Pedro no me dijo que (él) tuviera novia.
   (b) Pedro no me dijo que (él) tenía novia.
2. (a) Alberto me repitió que (yo) estudiaba con su novia.
   (b) Alberto me repitió que (yo) estudiara con su novia.
3. (a) El criminal no confesó que había matado a su tío.
   (b) El criminal no confesó que hubiera matado a su tío.
4. (a) ¿Te manifestó que estaba interesada en el proyecto?
   (b) ¿Te manifestó que estuviera interesada en el proyecto?

Ejercicio 4.6. Forme una oración compuesta usando el modo adecuado según el contexto indicado:
1. Yo sé que Luis se compra un coche nuevo todos los años, pero él no me lo dijo. (Luis no me dijo . . .)
2. Yo no sé si María ha vivido en China. Cuando hablé con ella, no me dijo nada sobre el tema. (María no me dijo . . .)
3. Marta me juró: «Yo no me comí el queso que quedaba en el refrigerador».
4. El acusado declaró muchas cosas pero no declaró si había cometido el desfalco. (El acusado no declaró . . .)
5. ¿Rosalía te confesó: «Yo traicioné a Horacio»? Pregunte si Rosalía de verdad dijo lo que dijo.
6. ¿Rosalía te confesó: «Yo traicioné a Horacio»? Pregunte si Rosalía de verdad le confesó eso al interlocutor.

2.4.2. Los verbos de percepción física o mental. Los verbos de percepción física[17] o mental[18] normalmente requieren del indicativo en la oración subordinada cuando aparecen en la forma afirmativa.

---

17 Algunos verbos de percepción física son: *ver, oir, percibir, notar, mirar*, etc.

18 Entre los verbos de percepción mental se incluyen los verbos de conocimiento como *saber, recordar, averiguar, darse cuenta de, prever*; los de concepciones ficticias o supuestas como *soñar, imaginar, suponer* y los verbos de opinión como *creer, opinar, parecer, pensar sospechar*, etc.

(11)a. Pedro notó que Marta se había puesto un vestido nuevo.

    b. Mi madre averiguó que mi hermanito fumaba a escondidas.

    c. Imaginó que su novia lo dejaba y se puso muy triste.

    d. Pienso que estos ejemplos son muy prácticos.

Sin embargo, los verbos de concepciones ficticias o supuestas como *imaginar* y *suponer* sí pueden aparecer con una subordinada en subjuntivo cuando estos verbos aparecen en el modo imperativo. En estos casos también se puede usar el indicativo:

(12)a. Imagina que **llegue/llega** Pedro.

    b. Supon que te **llame/llama** tu ex-novio.

La diferencia entre el uso del subjuntivo/indicativo en (12) es muy sutil. Con el indicativo pedimos que se imagine como real una acción determinada. Con el subjuntivo pedimos que se imagine una hipótesis.

    Cuando los verbos de percepción aparecen en la forma negativa, al igual que con los verbos de comunicación, tenemos la alternancia indicativo/subjuntivo:

(13)a. Luis no vio que los chicos **hacían** la tarea.

    b. Luis no vio que los chicos **hicieran** la tarea.

(14)a. Luis no cree que **hay** peligro en ir a ese barrio.

    b. Luis no cree que **haya** peligro en ir a ese barrio.

En (13a) y (14a), el hablante cree real la oración subordinada, pero nos informa que el sujeto de la oración, *Luis*, en este caso, no percibió tal cosa. En los ejemplos de (b), el hablante no se compromete con la realidad de la subordinada y sólo nos informa de la no percepción de algo por parte del sujeto. Junto con la falta de compromiso con la realidad por parte del hablante, se implica que el sujeto de la oración (*Luis*) no tiene evidencia o indicios suficientes para comprometerse con esa realidad.[19]

---

19 el verbo *admitir* presenta un comportamiento semejante:

(i)a. Admito que **han expulsado** a esos estudiantes.

b. Admito que **hayan expulsado** a esos estudiantes.

En (ia) el hablante se compromete con la realidad y la admite o acepta. En (ib) el hablante no sabe de la realidad de la subordinada pero acepta la hipótesis o probabilidad de la subordinada.

Cuando los verbos de percepción aparecen en la forma interrogativa, nuevamente encontramos la alternancia indicativo/subjuntivo:

(15)a. ¿Crees que Pedro ha terminado la novela?
   b. ¿Crees que Pedro haya terminado la novela?

Cuando se usa el indicativo (15a) preguntamos sobre la realidad de la subordinada; cuando usamos el subjuntivo preguntamos sobre la realidad del verbo de percepción.

El cuadro de (16) resume el comportamiento de los verbos de comunicación y los de percepción física o mental:

(16) VERBOS DE COMUNICACION Y PERCEPCION FISICA/ MENTAL
   a. AFIRMATIVO   (i) + V_{ind} compromiso con la realidad
                      (ii) + V_{subj} [+INFLUENCIA], *imaginar*
   b. NEGATIVO   (i) + V_{ind} compromiso con la realidad
                      (ii) + V_{subj} no compromiso con la realidad
   c. INTERROGATIVO   (i) + V_{ind} pregunta por la realidad de la subordinada
                      (ii) + V_{subj} pregunta por la realidad de la principal

Ejercicio 4.7. Cambie las oraciones siguientes a la forma negativa. Explique qué cambio de significado ha sufrido la oración original.
1. Pedro observó que David había pintado la casa.
2. Darío averiguó que Rubelindo estaba enamorado.
3. Marta recordó que dejó las llaves de casa en la oficina.
4. Parece que ha llovido.
5. Se dio cuenta de que lo habíamos engañado.

2.4.3. Las interrogativas deliberativas. En la sección 2.2 discutimos las complementarias interrogativas. Como se puede ver en los ejemplos citados, estas normalmente aparecen con la subordinada en el modo indicativo. Sin embargo, después del verbo *no saber* existe la opción de la alternancia:

(17)a. No sé si **iré** al concierto.
   b. No sé si **vaya** al concierto.
(18)a. Marta no sabe cuándo **podrá** regresar.
   b. Marta no sabe cuándo **pueda** regresar.

La diferencia entre los ejemplos (a) y (b) reside en el hecho de que con el subjuntivo implicamos que el sujeto está deliberando, pensando o decidiendo sobre el contenido de la subordinada. Con el indicativo no se implica tal proceso.

2.4.4. Verbos que cambian de significado. Hay algunos verbos que cambian de significado con la alternancia indicativo/subjuntivo.

(19)a. Siento que Josefa **está** enferma.   (presentir)
     b. Siento que Josefa **esté** enferma.   (lamentar)

(20)a. Temo que **hay** un error en este análisis. (sospechar)
     b. Temo que **haya** un error en este análisis. (recelar)

Ejercicio 4.8. Explique la diferencia entre las siguientes pares de oraciones:
1.(a) Luis dijo que Pedro llegaba a la hora.
  (b) Luis dijo que Pedro llegara a la hora.
2.(a) Luis no dijo que Pedro llegaba a la hora.
  (b) Luis no dijo que Pedro llegara a la hora.
3.(a) ¿Dijo Luis que Pedro llegaba a la hora?
  (b) ¿Dijo Luis que Pedro llegara a la hora?
4.(a) Imagínate que ganas la lotería.
  (b) Imagínate que ganes la lotería.
5.(a) No oímos que entraban por la cocina.
  (b) No oímos que entraran por la cocina.
6.(a) ¿Viste que Roberto estaba borracho?
  (b) ¿Viste que Roberto estuviera borracho?
7.(a) Me duele que Laura dice tantas mentiras.
  (b) Me duele que Laura diga tantas mentiras.
8.(a) No sé si conozco a esa mujer.
  (b) No sé si conozca a esa mujer.
9.(a) Admito que José ha hecho trampa en el examen.
  (b) Admito que José haya hecho trampa en el examen.
10.(a) Siento que mi novia me engaña con otro hombre.
  (b) Siento que mi novia me engañe con otro hombre.

2.4.5. Sobre la secuencia de tiempos en la oración subordinada. Observa Gili Gaya (1961: §221) en el *Curso superior de sintaxis española* respecto a los tiempos que son posibles en las subordinadas en español:

(1) Verbo subordinado en indicativo: Puede usarse cualquier tiempo en el verbo subordinado, lo mismo si el principal está en presente, que

si está en pasado o en futuro. Los verbos de percepción sensible deben coexistir con el tiempo de su subordinado, a no ser que se altere la significación de la principal.

(2) Verbo subordinado en subjuntivo: (a) Con verbos de voluntad, el subordinado puede hallarse en cualquier tiempo posterior al del verbo principal. (b) Con los demás verbos en presente o futuro, el subordinado puede hallarse en cualquier tiempo; si el subordinante está en pasado, el subordinado debe estar también en pasado.

Lo que se expone en (1) se demuestra en (3):

(3) Digo (dije, decía, diré, diría, he dicho, había dicho, di) que soy (fui, era, seré, sería, he sido, había sido) feliz.

Consideremos ahora los casos de cuando el verbo de la subordinada está en subjuntivo. En (2) se postula que si el verbo de la principal está en presente, el verbo de la subordinada puede aparecer en cualquier tiempo. Esto se observa en (4):

(4) Niego que sepa (supiera, haya sabido, hubiera sabido) eso.

Como observa Margarita Suñer (1990: 87), al igual que lo expresado en (2), : «las formas subjuntivas en los contextos [-pasado . . . +pasado] tienen un TIEMPO propio porque son capaces de tener un valor temporal independiente».

En (2) se sostiene que cuando el verbo de la principal está en pasado, el subjuntivo de la subordinada debe estar también en pasado. Esta restricción parece respetarse con los verbos de incertidumbre como *dudar*:

(5) Dudaba que estuvieran/*estén enfermos.

Sin embargo, Suñer (p. 88) menciona los siguientes ejemplos para demostrar que la generalización de (2) es falsa:

(6)a. Negó que sus subalternos **acepten** sobornos.
  b. El jefe lamentaba que González **esté** de sabático.
  c. El médico recomendó que la niña no **coma** tantos productos lácteos.

En los ejemplos de (5) reportamos sobre un hecho pasado que tiene relevancia en el presente o en el momento de comunicación. Sólo en estos casos es posible romper la secuencia de tiempos que se menciona en (2).

Sin embargo, para algunos algunos dialectos es posible usar un presente aún cuando no hay relevancia en el momento de comunicación:

(7) Me pidió que llegue a tiempo a la clase de ayer.

En estos dialectos el presente de subjuntivo parece haber desplazado al imperfecto de subjuntivo, el cual está desapareciendo del sistema de tiempos de esos hablantes.

Ejercicio 4.9. Identifique todas las subordinadas complementarias de verbo en el siguiente texto:

Yo suelo regresar eternamente al Eterno Regreso; en estas líneas procuraré (con el socorro de algunas ilustraciones históricas) definir sus tres modos fundamentales.

El primero ha sido imputado a Platón. Este, en el trigésimo noveno párrafo de *Timeo*, afirma que los siete planetas, equilibradas sus diversas velocidades, regresarán al punto inicial de partida: revolución que constituye el año perfecto. Cicerón (*De la naturaleza de los dioses*, libro segundo) admite que no es fácil el cómputo de este vasto período celestial, pero que de cierta manera no se trata de un plazo ilimitado; en una de sus obras perdidas, le fija doce mil novecientos cincuenta y cuatro «de los que nosotros llamamos años» (*Tácito: Diálogo de los oradores*, 16). Muerto Platón, la astrología judiciaria cundió en Atenas. Esta ciencia, como nadie lo ignora, afirma que el destino de los hombres está regido por la posición de los astros. Algún Astrólogo que no había examinado en vano el *Timeo* formuló este irreprochable argumento: si los períodos planetarios son cíclicos, también la historia universal lo será; al cabo de cada año platónico renacerán los mismos individuos y cumplirán el mismo destino. El tiempo atribuyó a Platón esa conjetura. En 1616 escribió Lucilio Vanini: «De nuevo Aquiles irá a Troya; renacerán las ceremonias y las religiones; la historia humana se repite; nada hay ahora que no fue; lo que ha sido, será; pero todo ello en general, no (como determina Platón) en particular» (*De admirandis naturae arcanis*, diálogo 52). En 1643 Thomas Browne declaró en una de las notas del primer libro de la *Religio medici*: «Año de Platón -*Plato's year*- es un curso de siglos después del cual todas las cosas recuperarán su estado anterior y Platón, en su escuela, de nuevo explicará esta doctrina.» En este primer modo de concebir el eterno regreso, el argumento es astrológico.

Jorge Luis Borges, Historia de la eternidad

3. Subordinación sustantiva como complemento de un sustantivo o de un adjetivo

3.1. Subordinación a sustantivos y adjetivos. En la sección anterior vimos que una oración puede aparecer subordinada como complemento de un verbo. Muchos verbos tienen sustantivos derivados de formas verbales que mantienen la complementación que se encuentra en el verbo. Considérense los ejemplos de (1):

    (1)a. Los bárbaros destruyeron [la ciudad].
       b. La destrucción DE [la ciudad]
       c. Buscaban [los tesoros perdidos].
       d. La búsqueda DE [los tesoros perdidos].

En (1a), la frase nominal *la ciudad* es el complemento directo del verbo *destruyeron*; *la ciudad* es lo que sufre la acción del verbo. Existe la misma relación entre *la ciudad* y *destrucción* en el ejemplo (1b). La única diferencia es que *la ciudad* en el ejemplo (1b) aparece precedida de la preposición *de*. Lo mismo se observa en los ejemplos (1c) y (1d). De los ejemplos anteriores se desprende que los complementos de los sustantivos siempre deben aparecer precedidos de una preposición.

    Obsérvese en el ejemplo de (2) que si el verbo ya incluye una preposición como complemento, esta preposición aparece también con el equivalente derivado nominal:

    (2)a. Asisten A [la clase de chino].
       b. La asistencia A [la clase de chino]
       c. Se enojaron CON [los administradores].
       d. El enojo CON [los administradores]
       e. Confía EN [sus amigos].
       f. La confianza EN [sus amigos]

    Concluimos que todo complemento de un sustantivo debe aparecer precedido de una preposición. Aparece *de* si el verbo del cual se deriva el sustantivo carece de preposición; de lo contrario aparece la misma preposición que aparece con el verbo.

    Lo mismo se observa con los adjetivos que se derivan de formas verbales:

(3)a. Ansiamos [las vacaciones]
   b. Ansiosos DE [las vacaciones]
   c. Desean [un descanso].
   d. Deseosos DE [un descanso]
(4)a. Se preocupan POR sus padres.
   b. Preocupados POR [sus padres]
   c. Se molestaron CON [sus padres].
   d. Molestos CON [sus padres]

Vemos que los complementos de los adjetivos, al igual que los complementos de los sustantivos, siempre aparecen precedidos de una preposición; *de* si el verbo del que provienen no tiene preposición, o la misma preposición que aparece con el verbo.

En la sección anterior también vimos que una oración puede ser el complemento de un verbo. Si el verbo no incluye una preposición, *de* debe preceder al complemento sentencial:

(5)a. Los bárbaros anunciaron [que destruirían la ciudad].
   b. El anuncio DE [que destruirían la ciudad]
   c. El parlanchín profetizó [que volvería un día caminando sobre el mar].
   d. La profecía DE [que volvería un día caminando sobre el mar]

Si el verbo aparece con una preposición, esta precede el complemento sentencial:

(6)a. Insisten EN [que hagamos el servicio militar].
   b. La insistencia EN [que hagamos el servicio militar]
   c. Aspiran A [que los asciendan en la oficina].
   d. Su aspiración A [que los asciendan en la oficina]

Observamos el mismo comportamiento entre los adjetivos:

(7)a. Temen [que los despidan].
   b. Temerosos DE [que los despidan]
   c. Desean [que les den un descanso].
   d. Deseosos DE [que les den un descanso]

3. Subordinación sustantiva como complemento de un sustantivo o de un adjetivo

(8)a. Se acostumbran A [que les demos todo].
    b. Acostumbrados A [que les demos todo]
    c. Se arrepintieron DE [haberse comido las galletas].
    d. Su arrepentimiento DE [haberse comido las galletas]

Existen algunos sustantivos que sin provenir de verbo alguno, permiten un complemento nominal o sentencial. En estos casos el complemento aparece precedido por *de*:[20]

(9)a. La noticia DE [que aumentarían los sueldos]
    b. El rumor DE [que Hugo se casaría con Brunilda]
    c. La posibilidad DE [que llueva mañana]
    d. El hecho DE [que la ciencia es una vaca sagrada]
    e. ¡Hora DE [que te vayas a acostar]!

Obsérvese lo que ocurre con una pregunta indirecta:

(10)a. Preguntaron (que) a qué hora llegaríamos.
    b. La pregunta DE QUE [a qué hora llegaríamos]

Como se observa en (10b), la presencia del complementante es obligatoria en la nominalización de una pregunta indirecta.

Ejercicio 4.10. Nominalice las siguientes oraciones:
1. Decidieron que hiciéramos un examen sobre la subordinación.
2. Insinuaron que tendríamos que trabajar mucho.
3. Insistieron en que los visitáramos pronto.
4. Concluyeron que los culpables éramos nosotros.
5. Denunciaron que les habían robado el coche.
6. Descubrieron que había vida en Marte.
7. Confían en que la situación económica mejorará.
8. Constataron que efectivamente había usado fondos públicos.
9. Sospechan que hay gato encerrado.
10. Preguntaron cómo nos habíamos enterado del chisme.

---

    20 Otros sustantivos de esta naturaleza son: *ambición, capacidad, consecuencia, edad, intención, miedo, ocasión, pena, proyecto, razón, costumbre, tiempo, momento, propósito, finalidad, fin*, etc. Los ejemplos de esta sección provienen de J. Borrego et al (1985: 40).

3.2. Sobre el modo en las subordinadas de sustantivos y adjetivos. Al igual que los verbos discutidos en la sección 2.3, si el sustantivo o adjetivo indica influencia, emoción, juicio de valor o posibilidad/probabilidad, entonces se usa el subjuntivo en la oración subordinada al sustantivo:

(1)a. La orden de [que llegáramos temprano]
   b. Su interés en [que estudiara con ella]
   c. La posibilidad de [ganarse una beca]
(2)a. Empeñado en [que lleguemos temprano]
   b. Aburrido de [que lo traten tan mal]
   c. Difícil [que pueda tener éxito en la vida]
   d. Probable [que vaya a Sudamérica el año que viene].

Considérense los ejemplos en (3):

(3)a. Pepe quiere [que Marta vaya a España el año que viene].
   b. Pepe quiere [ir a España el año que viene].
   c.*Pepe quiere [que (Pepe) vaya a España el año que viene].

Como se muestra en (3b), se usa un infinitivo en lugar del subjuntivo, si el sujeto de la oración subordinada es idéntico al de la oración principal. Lo mismo se observa con las oraciones que son subordinadas de un sustantivo:

(4)a. Pepe tiene interés en [que Marta vaya a España].
   b. Pepe tiene interés en [ir a España].
   c.*Pepe tiene interés en [que (Pepe) vaya a España].
(5)a. Estamos estudiando la posibilidad de [que Susana aprenda quichua].
   b. Estamos estudiando la posibilidad de [aprender quichua].
   c.*Estamos estudiando la posibilidad de [que (nosotros) aprendamos quichua].

Los adjetivos se comportan de igual manera:

(6)a. Roberto está empeñado en [que Maggie vaya con nosotros].
   b. Roberto está empeñado en [ir con nosotros].
   c.*Roberto está empeñado en [que (Roberto) vaya con nosotros].

También se usa un infinitivo si el sujeto del sustantivo aparece explícito junto al nombre:

3. Subordinación sustantiva como complemento de un sustantivo o de un adjetivo

(7)a. José tiene el deseo de [ir a Europa este verano].

   b. Respetarán el deseo de José de [ir a Europa este verano].

Se usa un infinitivo si el sujeto del verbo subordinado se interpreta como un sujeto arbitrario:

(8)a. La idea de [pasar un mes en la playa] es estupenda.

   b. La oportunidad de [estudiar en Chile] será posible a partir del próximo año.

Ejercicio 4.11. Complete las oraciones siguientes con la forma adecuada del verbo indicado.

1. La ambición de Roberto de _____ (Roberto, terminar) la carrera lo llevará muy lejos en la vida.
2. Marta no tuvo ocasión de _____ (Marta, llamar) a sus amigas cuando pasó por Nueva York.
3. Es tiempo de _____ (tú, comenzar) a preocuparte de tu vida.
4. La idea de José de _____ (José, pasar) el Año Nuevo en la playa fue muy bien acogida por sus amigos.
5. La declaración de _____ (la economía, estar) en recesión por un año más preocupó a la población.
6. Hicieron la declaración de _____ (la economía, estar) en recesión por un año más.
7. La costumbre de Andrés de _____ (Andrés, comerse) un sandwich de queso antes de acostarse lo tiene muy gordo.
8. Tenemos necesidad de _____ (nosotros, hacer) las reservas de avión inmediatamente.
9. Tengo la intención de _____ (Marta, ser) la mejor estudiante del curso.
10. Es hora de _____ (tú, irse). Mi padre se enojará si se entera que estás aquí.
11. Carlos no le habla a Luisa. Luisa tiene miedo de _____ (Carlos, enojarse) con ella porque no le mandó ni una postal el verano pasado.
12. Patricia tiene pena de _____ (Guillermo, romperse) el brazo la semana pasada.
13. Nos sorprendió la prohibición de la administración de _____ (nosotros, no fumar) en clase.

14. No creo _____ (nosotros, salir) esta tarde porque tenemos demasiada tarea.

15. La orden de _____ (nadie, salir a la calle) sorprendió a la ciudadanía.

Ciertos sustantivos muestran una alternancia indicativo/ subjuntivo en la oración subordinada. Considérense los ejemplos de (9):

(9)a. Marta tiene la ventaja de [que su novio la **adora**].
   b. Marta tiene la ventaja de [que su novio la **adore**].

En (9a) hay un doble propósito comunicativo: (i) expresar que el novio de Marta la adora y (ii) expresar que esto es una ventaja. En (9b) simplemente expresamos cuál es la ventaja.

Observamos lo mismo en (10):

(10)a. El hecho de [que José **saca** malas notas] preocupa a su padre.
    b. El hecho de [que José **saque** malas notas] preocupa a su padre].

En (10a) informamos que José saca malas notas a la vez que decimos que esto es lo que preocupa a su padre. En (10b), por otra parte, sólo decimos qué es lo que preocupa al padre de Pedro.

Cuando el verbo subordinado está en subjuntivo, puede omitirse el sustantivo que subordina la oración, lo cual es imposible si el verbo subordinado está en indicativo.

(11)a. El φ [que José saque malas notas] preocupa a su padre.
    b. El φ [que José no sepa nada del asunto] me extraña.
    c.*El φ [que José saca malas notas] preocupa a su padre.
    d.*El φ [que José no sabe nada del asunto] me extraña.

Otra construcción que tiene el mismo comportamiento en cuanto a la alternancia indicativo/subjuntivo es la que contiene un demostrativo seguido de una oración:

(12)a. Eso de [que José tiene tres novias] es increíble.
    b. Eso de [que José tenga tres novias] es increíble.

Al igual que en los ejemplos anteriores, en (12a) informo que José tiene tres novias a la vez que expreso mi opinión de que eso es increíble. En (12b) sólo digo lo que me parece increíble.

Ejercicio 4.12. Explique la diferencia entre las siguientes oraciones:
1.(a) Nos sorprendió el hecho de que José no sabía nada del asunto.
  (b) Nos sorprendió el hecho de que José no supiera nada del asunto.
2.(a) Me molestó aquello de que le dijiste mis secretos a Rosalía.
  (b) Me molestó aquello de que le dijeras mis secretos a Rosalía.
3.(a) ¿Qué te parece la idea de que vamos a construirnos una casa en la montaña?
  (b) ¿Qué te parece la idea de que nos construyamos una casa en la montaña?
4.(a) Esto de tener que trabajar toda la noche es una lata.
  (b) Esto de que tengamos que trabajar toda la noche es una lata.
5.(a) Me encantó el [que me visitaras anoche].
  (b)*Me encantó el [que me visitaste anoche].

Ejercicio 4.13. Complete las oraciones siguientes lógicamente. Justifique la forma del verbo subordinado:
1. Ya estás en la edad de . . .
2. No tenemos tiempo de . . .
3. Ya es hora de . . .
4. ¿Le molestó el hecho de . . .
5. No entiendo su interés en . . .
6. Está obstinado en . . .
7. ¿Has considerado la posibilidad de . . .
8. ¿Oíste el rumor de . . .
9. Se asustó con la noticia de . . .
10. Es absurdo eso de . . .
11. Me preocupa el que . . .
12. Tengo la sensación de . . .
13. Tenía el presentimiento de . . .
14. Parece empecinado en . . .
15. Está feliz de . . .

4. Subordinación sustantiva como sujeto de una oración

El último caso de subordinación sustantiva que analizaremos en este capítulo es el de cuando una oración subordinada aparece como sujeto de una oración principal. Las subordinadas sustantivas pueden aparecer como sujeto de:

(a) expresiones impersonales
(b) verbos impersonales
(c) verbos transitivos
(d) *se*-pasivo, *se*-impersonal pasivo

Discutiremos estas construcciones a continuación.

4.1. Expresiones impersonales. Considérense los ejemplos de (1):

(1)a. Es importante [que trabajes mucho].
   b. Es inútil [que trates de convencerme].
   c. Es obvio [que lo sabe todo].
   d. Es seguro [que llegará temprano].

Obsérvese que la naturaleza de la expresión impersonal es lo que determina el modo de la subordinada. Como observan Borrego et al. (1985: 37), en este tipo de construcciones «. . .la idea principal no está contenida en el verbo propiamente dicho -que es un puro elemento de enlace-, sino en el término que lo acompaña». Otros verbos copulativos también pueden aparecer en estas construcciones. Nótese que en este caso el verbo de la subordinada también depende del adjetivo:

(2)a. Parece seguro [que José llegará mañana].
   b. Parece dudoso [que José llegue mañana].
   c. Está probado [que la tierra es redonda].
   d. Está escrito [que aparecerá una bestia con seis cabezas].

Hay construcciones impersonales que incluyen un sustantivo y en las cuales la subordinada también es el sujeto:

(3)a. Es una tontería [que no haya querido venir].
   b. Es una imprudencia [que la llames a estas horas].
   c. Parece una locura [que anden pidiendo limosna].
   d. Parece mentira [que estés aquí].

En todos los casos anteriores pareciera que la oración fuera un complemento del adjetivo o del sustantivo. Sin embargo, cuando este es el caso, recuérdese que la oración subordinada aparece precedida de la preposición *de*:

(4)a. Marta está segura DE [que José llegará mañana].
  b. La imprudencia DE [que la llamara mañana y tarde] causó su separación.

Concluimos, pues, que en los ejemplos de (1) a (3) la oración subordinada es el sujeto de la oración si bien aparece en posición postverbal.

4.2. Verbos impersonales. En latín aparecían oraciones sustantivas como sujetos de ciertos verbos como *licet* 'ser lícito', *oportet* 'ser necesario, deber', etc. En español encontramos esta construcción en verbos impersonales como *importar*, *ocurrir*, *convenir*, etc.:

(1)a. Importa [que le pidas perdón].
  b. Ocurre [que me canso de ser hombre].
  c. Conviene [que te lo compres lo antes posible].

En estos casos, como en el de las expresiones impersonales, el modo de la subordinada dependerá de la naturaleza del verbo, como se puede apreciar en (1).

4.3. Verbos transitivos. También pueden aparecer oraciones como sujetos de ciertos verbos transitivos:[21]

(1)a. [Que descubrieran sus ahorros en el extranjero] agravó la crisis.
  b. [Que censuraran al presidente] estabilizó al país.
  c. [Que se desnudara en público] suscitó una gran polémica.
  d. [Que José trabaje tanto] me molesta.

En estas construcciones normalmente aparece el verbo subordinado en el modo subjuntivo. En los ejemplos de (1), el sujeto sentencial puede ir precedido de *el hecho de* o simplemente de *el ϕ que*:

---

21 Ejemplos sacados de Subirats-Rüggeberg (1987: 252-6). Estos verbos pertenecen a la «clase 5» del sistema que presenta Subirats. Algunos verbos de esta clase son: *acelerar, activar, afianzar, agravar, agudizar, ahuyentar, asegurar, consolidar, debilitar, desencadenar, desintegrar*, etc.

(2)a. El (hecho de) [que descubrieran sus ahorros en el extranjero] agravó la crisis.

   b. El (hecho de) [que censuraran al presidente] estabilizó al país.

   c. El (hecho de) [que se desnudara en público] suscitó una gran polémica.

   d. El (hecho de) [que José trabaje tanto] me molesta.

Si el sustantivo *hecho* no aparece, el verbo subordinado debe aparecer en el modo subjuntivo. Cuando aparece *el hecho de* el verbo subordinado puede ir tanto en subjuntivo como en indicativo:

(3)a. El hecho de [que **descubrieran** sus ahorros en el extranjero] agravó la crisis.

   b. El hecho de [que **descubrieron** sus ahorros en el extranjero] agravó la crisis.

Para una discusión sobre la diferencia entre (3a) y (3b), véase la sección 3.2.

4.4. *Se*-pasivo, *se*-impersonal pasivo. Finalmente, puede aparecer una oración como sujeto de una construcción con *se*-pasivo o con una construcción con un *se*-impersonal pasivo:[22]

(1)a. Se teme [que haya una recesión muy fuerte].

   b. Se decreta [que esos productos queden libres de impuestos].

   c. Se predijo [que habría un terremoto].

Como se puede apreciar en los ejemplos de (1), el modo del verbo subordinado depende de la naturaleza del verbo principal.

4.5. Subordinadas de sujeto interrogativas y exclamativas. En las secciones anteriores vimos que una oración aseverativa puede aparecer como complemento directo de un sustantivo o de un adjetivo o como sujeto de una oración principal. Una oración interrogativa tiene la misma distribución:

(1) Subordinadas interrogativas de sujeto

   a. [Cómo entraron a la casa sin la llave] es un misterio.

   b. [A quién vio] es un secreto.

---

22 Véase el capítulo I, sección 2.2.

(2) Subordinadas exclamativas de sujeto

    a. Es increíble [cuánto trabaja esa muchacha].

    b. Me sorprende [lo inteligente que es Pablito].

Con las interrogativas de sujeto es posible usar un artículo:

    (3)a. El [cómo entraron a la casa sin la llave] es un misterio.

    b. El [a quién vio] es un secreto.

Ejercicio 4.14. Complete las oraciones siguientes con la forma adecuada del verbo indicado. Justifique su respuesta. Indique en qué posición se encuentra la subordinada sustantiva en cuestión.

1. Es seguro _____ (Pedro, estudiar) lingüística el año que viene.
2. Me parece difícil _____ (nosotros, poder) recordar todas las reglas de gramática.
3. No importa _____ (tú, no ir) a la fiesta, pero convendría _____ (tú, llamarla) para decirle que no irás.
4. El hecho de _____ (Marta, terminar) con su novio nos sorprendió mucho.
5. Me preocupa el _____ (ella, no querer) hablar contigo.
6. Se afirmó _____ (el gobierno, castigar) severamente a los terroristas que amenazaran la seguridad nacional.
7. _____ (los precios, subir) descontroladamente desencadenó la crisis política.
8. El _____ (a Uds., no importarles) _____ (ellos, acompañarnos) al próximo paseo nos agrada mucho.
9. A José le es difícil _____ (José, llegar) a tiempo a esa clase.
10. A nadie le preocupa _____ (quién, ganar) la elección.

Ejercicio 4.15. Identifique las siguientes subordinadas sustantivas:

1. No creo le hayan dicho nada del asunto.
2. Pregúntale acaso ha visto a mi madre por ahí.
3. Nos contó cuánto se había divertido.
4. Balbuceó que por qué la vida lo trataba así.
5. Me alegro de que te haya ido bien en el examen.
6. No sé si pueda asistir a la reunión.
7. Eso de que volverán cuando quieran me parece mal.
8. Es inútil que insistas.
9. El que no sepas nada de ellos no significa que te han olvidado.

10. El por qué asesinaron a Kennedy no lo sabremos nunca.
11. La noticia de que habrá tres candidatos sorprendió a todo el mundo.
12. Es increíble que un hombre pueda comprar su candidatura.
13. Marta tiene ganas de estudiar chino.
14. El proyecto de Roberto de visitar Japón se puede hacer realidad el próximo año.
15. Estaba muy molesto de que lo hubiéramos despertado.
16. Conviene que nos digas solamente la verdad.
17. El hecho de que la mente es diferente del cuerpo todavía no convence a mucha gente.
18. Es seguro que los monos nunca aprenderán a hablar.
19. Estamos muy orgullosos de que hayas terminado tu carrera.
20. ¡Es asombroso cuántas lenguas conoce ese tipo!

Ejercicio 4.16. Complete las oraciones siguientes con la forma adecuada del verbo indicado. Justifique su respuesta.

1. El gobierno no permite _____ (los ciudadanos, embriagarse) en las calles.
2. No es posible _____ (tú, no saber) quién fue Sor Juana Inés de la Cruz.
3. El deseo de Luis de _____ (Luis, fugarse) de casa tiene muy preocupados a sus padres.
4. La idea de _____ (ellos, cruzar) el río a caballo les causó muchos problemas.
5. Yo sé que Juan y María han estado en Tibet, pero ellos no me han dicho _____ (ellos, estar) allí.
6. El hecho de _____ (la gramática, ser) tan importante no me sorprende.
7. El _____ (yo, tener) que aprender computación me tiene sin cuidado.
8. Está prohibido _____ (sujeto arbitrario, fumar) en clase.
9. Marta me pidió _____ (yo, devolverle) los libros que ella me había prestado.
10. ¿Es verdad que te dijo _____ (ella, conocer) personalmente al presidente?
11. No sé, me dijo muchas cosas, pero no me dijo exactamente _____ (ella, conocer) al presidente.
12. He estado pensando sobre el asunto y todavía no sé _____ (yo, poder) realizar ese proyecto.

13. Es raro _____ (tú, perderse) ayer cuando venías a mi casa.
    Es muy fácil _____ (sujeto arbitrario, encontrar) la casa.
14. Nadie le creyó su declaración de _____ (la inflación, estar) bajo control.
15. No están acostumbrados a _____ (ellos, hablar) en público.
16. El _____ (el profesor, no asistir) a clase ayer dejó muy preocupados a los estudiantes.
17. El presidente ordenó _____ (los militares, retirarse) a sus cuarteles.
18. Estoy satisfecho de _____ (Uds., entender) por fin la estructura de las subordinadas sustantivas.
19. Estamos dispuestos a _____ (tú, guiarnos) por la ciudad.
20. El hecho de _____ (nosotros, practicar) los ejercicios nos ayudó a sacar una buena nota en el examen.

Ejercicio 4.17. Explique la diferencia, donde la haya, entre los siguientes pares de oraciones.

1.(a) Verás como le diré que es un tal por cual.
 (b) Verás que le diré que es un tal por cual.
2.(a) Supe dónde vivía Marta.
 (b) No sabía dónde vivía Marta.
3.(a) Dime si quieres venir con nosotros.
 (b) Dime acaso quieres venir con nosotros.
4.(a) La profesora le dijo por qué (él) había sacado mala nota.
 (b) La profesora le dijo que por qué (él) había sacado mala nota.
5.(a) No sé cuántos amigos tiene Roberto.
 (b) Es increíble cuántos amigos tiene Roberto.
6.(a) El profesor no nos dijo que éramos inteligentes.
 (b) El profesor no nos dijo que fuéramos inteligentes.
7.(a) No sé si tendré tiempo para terminar de pintar el cuadro.
 (b) No sé si tenga tiempo de terminar de pintar el cuadro.
8.(a) Temo que Marta ya sabe lo de Luis.
 (b) Temo que Marta ya sepa lo de Luis.
9.(a) Es seguro que Marta estudiará leyes.
 (b) Marta está segura de que estudiará leyes.
10.(a) El hecho de que José se enoja fácilmente molesta a Juana.
 (b)*El que José se enoja fácilmente molesta a Juana.
11.(a) A Marta le preocupa el hecho de que Roberto no tiene trabajo.
 (b) A Marta le preocupa el hecho de que Roberto no tenga trabajo.

12.(a) No importa que lo sepan los demás.

   (b) No importa el que lo sepan los demás.

13.(a) No tienen la intención de terminar el proyecto.

   (b) No tienen la intención de que terminen el proyecto.

14.(a) Es una estupidez que piensen eso de ti.

   (b)*Es una estupidez que piensan eso de ti.

15.(a) Pidió que la lleváramos al centro.

   (b) Pidió la lleváramos al centro.

16.(a) Esta noche anunciará si será candidato.

   (b) Esta noche anunciará que será candidato.

17.(a) Dudo que pueda comerse todo ese plato.

   (b)*Dudo si puede comerse todo ese plato.

18.(a) Me repitió que (yo) escribía muy bien.

   (b) Me repitió que (yo) escribiera muy bien.

19.(a) Me pidió que (yo) lleve cerveza a la fiesta de mañana.

   (b) Me pidió que (yo) llevara cerveza a la fiesta de mañana.

20.(a) No vi que Luisa estaba interesada en el proyecto.

   (b) No vi que Luisa estuviera interesada en el proyecto.

Ejercicio 4.18. Identifique las subordinadas sustantivas en las siguientes citas de *Evaristo Carriego* de Borges.

1. Que un individuo quiera despertar en otro individuo recuerdos que no pertenecieron más que a un tercero, es una paradoja evidente.

2. Ser pobre implica una más inmediata posesión de la realidad, un atropellar el primer gusto áspero de las cosas: conocimiento que parece faltar a los ricos, como si todo les llegara filtrado.

3. Escribía poco, lo que significaba que sus borradores eran orales.

4. Es creencia general que la tuberculosis lo ardió. . .

5. Antes de considerar este libro, conviene repetir que todo escritor empieza por un concepto ingenuamente físico de lo que es el arte.

6. Irrisorio sin embargo sería negar que las *Misas herejes* es un libro de aprendizaje.

7. Escribí que a las relaciones de Evaristo Carriego les basta la mención de su nombre para imaginárselo; añado que toda descripción puede satisfacerlos, sólo con no desmentir crasamente la ya formada representación que prevén.

8. Yo pienso que la sucesión cronológica es inaplicable a Carriego, hombre de conversada vida y paseada. Enumerarlo, seguir el orden de sus días, me parece imposible; mejor buscar su eternidad, sus repeticiones.

9. Vincular esas naderías con el simbolismo es desconocer deliberadamente las intenciones de Laforgue o de Mallarmé. No es preciso ir tan lejos: el verdadero y famoso padre de esa relajación fue Rubén Darío,. . .

10. Importa que mi lector se imagine un carro. No cuesta imaginárselo grande, las ruedas traseras más altas que las delanteras. . .

Ejercicio 4.19. Identifique todas las subordinadas sustantivas del siguiente texto. Especifique el tipo de subordinada sustantiva.

Y llegó el otoño de 1980. En honor a la verdad, mis esperanzas de obtener algún indicio sobre el impenetrable secreto del mayor se habían ido debilitando. Hubo momentos difíciles, en los que las dudas me asaltaron con gran virulencia. Creo que mi escaso entusiasmo hubiera terminado por apagarse de no haber recibido aquella lacónica carta -casi telegráfica- en la que mi amigo me rogaba que «lo dejara todo y volara hasta la ciudad de Mérida, en el estado de Yucatán». Durante varios días -no voy a negarlo- me debatí en una angustiosa zozobra. ¿Qué debía hacer? ¿Es que el mayor se había decidido a hablarme con claridad? Tentado estuve de escribirle una vez más y pedirle explicaciones. Pero algo me contuvo. Yo intuía que aquélla podía ser otra prueba; quizá la definitiva.

J. J. Benítez, Caballo de Troya

Ejercicio 4.20. Identifique las oraciones sustantivas del siguiente texto.

En la biblioteca Sainte-Geneviève consulté un diccionario y supe que los axolotl son formas larvales, provistas de branquias, de una especie de batracios de género amblistoma. Que eran mexicanos, lo sabía ya por ellos mismos, por sus pequeños rostros rosados aztecas y el cartel en lo alto del acuario. Leí que se han encontrado ejemplares en Africa capaces de vivir en tierra durante los períodos de sequía, y que continúan su vida en el agua al llegar la estación de las lluvias. Encontré su nombre español, ajolote, la mención de que son comestibles y que su aceite se usaba (se diría que no se usa más) como el de hígado de bacalao.

Julio Cortázar, «Axolotl»

V.

LA SUBORDINACION ADJETIVA

CAPITULO V:

LA SUBORDINACION ADJETIVA

0. Introducción

Un adjetivo tiene como función calificar o determinar al sustantivo. Esto se demuestra en (1):

(1)a. La casa [grande]
   b. El profesor [español]

Una oración puede desempeñar el papel del adjetivo en (1):

(2)a. La casa [que Roberto compró]
   b. El profesor [que nos enseña gramática]

Denominaremos «cláusula de relativo» a una oración que modifica a un sustantivo. Al sustantivo que modifica lo llamaremos «antecedente».

(3) La casa   [que Roberto compró]
      ↑   ↑
   antecedente   cláusula de relativo

Según la naturaleza del antecedente podemos clasificar las cláusulas de relativo en dos tipos:

(a) cláusulas de relativo restrictivas
(b) cláusulas de relativo no restrictivas

Las «cláusulas de relativo restrictivas» sirven para describir o especificar al antecedente, de ahí que también se conozcan como «cláusulas especificativas» o «cláusulas descriptivas». Estas sirven para identificar al antecedente; la información que incluyen las cláusulas de relativo restrictivas es crucial para tal identificación. Esto se demuestra en (4):

    (4)a. Los estudiantes [que trabajan mucho]
        b. Los libros [que compramos]

En (4a) el universo de estudiantes se restringe a aquellos que trabajan mucho, al igual que en (4b) el universo de libros se restringe a aquellos que compramos. Sin la cláusula de relativo no tendríamos el mismo referente en el universo de estudiantes o libros.

Una «cláusula de relativo no restrictiva», por otra parte, añade información adicional de un antecedente ya identificado; expresa una circunstancia del antecedente. A este tipo de cláusulas se la conoce también con el nombre de «cláusula explicativa». Esto se demuestra en (5):

    (5)a. Marta, [que es mi mejor amiga], . . .
        b. Mis padres, [que todavía viven en Chile],. . .

Comparando (4) y (5) se observan ciertas diferencias importantes. En tanto que en las cláusulas de relativo restrictivas el antecedente se halla íntimamente ligado a la cláusula, en las no restrictivas hay una pausa entre el antecedente y la cláusula; esta pausa se indica con una coma.

Una segunda diferencia es que las cláusulas no restrictivas pueden suprimirse sin afectar el significado de la oración principal. La supresión de la cláusula restrictiva afecta dicho significado. Esto se demuestra en (6) y (7):

    (6)a. El libro [que me recomendaste] cuesta muy caro.
        b. El libro cuesta muy caro.
    (7)a. María, [que quiere estudiar en la Escuela de Derecho], es brillante.
        b. María es brillante.

La tercera diferencia es que en las cláusulas no restrictivas, hacemos del antecedente el universo de discurso, en tanto que en las restrictivas, limitamos dicho universo al del antecedente. De ahí se desprende que si el antecedente tiene referencia única, este sólo puede aparecer modificado por una cláusula no restrictiva:

(8)a. Mi padre, que es doctor, trabaja en la Clínica Alemana.

  b.#Mi padre que es doctor trabaja en la Clínica Alemana.[1]

Una cuarta diferencia entre los dos tipos de cláusula es que es posible que más de una cláusula restrictiva aparezca modificando a un antecedente, pero sólo una no restrictiva puede modificar a un sustantivo:

(9)a. Sólo los muchachos [que estudian francés] [que sacan buenas notas] podrán participar en el viaje a Francia.

  b.*Marcos, [que estudia francés], [que saca buenas notas], participará en el viaje a Francia.

Una quinta diferencia es que una cláusula de relativo restrictiva, pero no así una no restrictiva, permite un antecedente silente. Nótese en (10a) que el artículo concuerda en género y número con el antecedente, el cual se entiende por el contexto:

(10)a. Los φ [que estudian francés] irán a Francia.

  b.*Esos φ, [que estudian francés], irán a Francia.

El siguiente cuadro resume las propiedades de los dos tipos de cláusulas de relativo:

(11) RESTRICTIVAS

a. especifican, restringen

b. no hay pausa (coma) entre el antecedente y la cláusula

c. antecedente restringido

d. puede haber más de una cláusula

e. pueden tener antecedente silente

NO RESTRICTIVAS

a. dan información extra

b. hay pausa (coma) entre el antecedente y la cláusula

c. antecedente único

d. sólo puede haber una cláusula

e. antecedente siempre expreso

Ejercicio 5.1. Identifique el tipo de cláusula de relativo en las siguientes construcciones. Justifique su respuesta.

1. Los cursos que sigue este semestre son muy fáciles.

---

1 Usamos el símbolo # para indicar anomalía semántica. (8b) es interpretable siempre y cuando yo tenga más de un padre.

2. Roberto, que era el mejor estudiante de su clase, está cesante.
3. Los abuelos de Clara, que viven con ella en Los Angeles, no hablan nada de inglés.
4. La que anda con un suéter rojo es una loca perdida.
5. Los libros de los que habló todavía no se publican.
6. La señora con la que trabajo es muy simpática.
7. José, para el cual trabaja mi hermanita, es un hombre muy emprendedor.
8. El hombre cuya mujer murió el año pasado está muy deprimido.
9. Ese hombre, cuya mujer murió el año pasado, está muy triste.
10. Este detergente es bueno, pero el que compré la vez pasada no saca bien las manchas.

1. Cláusulas de relativo restrictivas

Discutiremos aquí cuatro tipos de cláusulas de relativo restrictivas en cuanto a la relación sintáctica entre el antecedente y la cláusula de relativo:

(a) el antecedente es el complemento de una preposición de la cláusula restrictiva
(b) el antecedente es el sujeto de la cláusula restrictiva
(c) el antecedente es el complemento directo o indirecto de la cláusula restrictiva
(d) cláusulas de relativo libres

1.1. Cláusulas restrictivas con el antecedente como complemento de una preposición. Una de las características básicas de las cláusulas de relativo es que el antecedente se encuentra sobreentendido dentro de la cláusula de relativo y aparece remplazado por un pronombre relativo. Dicho pronombre relativo sirve de conector entre el antecedente y la oración subordinada adjetiva.

Consideremos primero el caso en el que el antecedente es [+HUMANO]. En este caso hay tres alternativas para los pronombres relativos. El antecedente puede ir seguido de: (i) preposición + *quien (es)* (ejemplo 1a); (ii) preposición + artículo concordante con el antecedente + *que* (ejemplo 1b); (iii) preposición + artículo concordante con el antecedente + *cual(es)* (ejemplo 1c):[2]

---

2 En algunos estudios de gramática generativa (Plann 1975, 1980) se arguye que este *que* es el mismo complementante que aparece en las subordinadas sustantivas. Rivero (1982, 1991) arguye que *que* es un complementante en (ia) y un pronombre relativo en (ib):

    (i)a. El estado de ánimo del que la contempla es deprimente.

      b. Este artículo es del que le hablé ayer.

Para facilitar la discusión mantendremos que *que* es un pronombre relativo en estos casos.

(1)a. El chico [**con quien** salí ayer] es muy simpático.
   b. El chico [**con el que** salí ayer] es muy simpático.[3]
   c. El chico [**con el cual** salí ayer] es muy simpático.

Si el antecedente es [−HUMANO], sólo tenemos las opciones (b) y (c):[4]

(2)a. El lápiz [**con el que** escribo] es muy suave.
   b. El lápiz [**con el cual** escribo] es muy suave.

Vemos que en una cláusula de relativo se establece una conexión entre el antecedente y la subordinada por medio de los elementos en negrita en (1) y (2). El tipo de preposición dependerá del verbo subordinado:

(3)a. El chico [**de quien** María está enamorado]. . .
   b. La chica [**con la que** Roberto se quiere casar]. . .
   c. La tienda [**cerca de la cual** vives]. . .

Cuando se quiere expresar posesión por parte del antecedente se usa *cuyo(a)(s)*, sin importar si el antecedente es [±HUMANO]. Obsérvese que *cuya* en los ejemplos de (4) concuerda con el objeto poseído y no con el antecedente:[5]

(4)a. El hombre [**de cuyas hijas** hablamos] está muy orgulloso de ellas.
   b. El disco [**de cuya carátula** hablábamos] es muy romántico.

---

3 En algunos dialectos se puede elidir aquí el artículo obteniendo:
(i) El chico [con φ que salí ayer] es muy simpático.
En otros dialectos esta elisión del artículo es posible sólo con antecedentes no humanos y sólo con algunas preposiciones.
4 Solé y Solé (1977: 118) observan que se requiere la construcción con *cual* después de preposiciones con más de dos sílabas o después de preposiciones compuestas:
(i)a. El cajón [**dentro del cual** había guardado sus joyas] estaba vacío.
   b. La empresa [**enfrente de la cual** estaba mi amigo] ha quebrado.
Ha de observarse, sin embargo, que esta regla no es absoluta y que en muchos dialectos, en los ejemplos de (i), es posible *que* en lugar de *cual*. La forma con *cual* es, quizá, un poco más formal y sería de preferencia en la lengua escrita.
5 Obsérvese que en las construcciones siguientes, si el objeto poseído es una parte del cuerpo o ropa, no se puede usar *cuyo*:
(i)a.*La mujer [cuyas uñas (le) pintaron de azul]. . .
   b.*El hombre [cuya chaqueta (le) robaron]. . .
Esto ocurre cada vez que el antecedente se interpreta como el complemento indirecto, el cual puede expresar posesión en español. Véase la sección 1.3.

Si el antecedente es un sustantivo indefinido neutro como *algo* o *nada* o un demostrativo neutro como *esto/eso/aquello* se usa el artículo neutro *lo* seguido de los relativos *cual* o *que*:

    (5)a. Hay algo [**de lo que/de lo cual** siempre se queja].

       b. No había nada [**a lo que/a lo cual** no se atreviera].

       c. Es eso [**de lo que/de lo cual** siempre se queja].

Cuando el antecedente indica lugar se puede usar *donde* en lugar de *en el que/ en el cual*:

    (6)a. La casa [**en la que/en la cual** vivo]. . .

       b. La casa [**(en) donde** vivo]. . .

Si el antecedente indica tiempo se puede usar *cuando*:[6]

    (7)a. El día [**en el que/en el cual** llegaron los barcos]. . .

       b. El día [**cuando** llegaron los barcos]. . .

Cuando el antecedente indica modo se puede usar *como*:

    (8)a. Me molesta la manera [**en la que/en la cual** se comporta].

       b. Me molesta la manera [**como** se comporta].

Sin embargo, cuando el antecedente es *razón* no se puede usar *porque*:

    (9)a. No entiendo **la razón [por la que/por la cual** se enojó].

       b.*No entiendo la razón [porque/por qué se enojó].

Ejercicio 5.2. Complete las oraciones siguientes con el nexo necesario. Donde haya más de una respuesta, expréselas todas.

  1. El estanque _____ nadábamos estaba lleno de hojas amarillentas y rojas.

  2. El canal _____ salía el agua estaba cubierto de musgo y maleza vieja.

---

6 En este caso también se puede usar *que*:

    (i) El día [**que** llegaron los barcos]

Esto se debe a que los modificadores de tiempo pueden aparecer como frases nominales:

    (ii) Los barcos llegaron el lunes/la semana pasada.

3. Ahora me río de la inocencia _____ jugábamos y nadábamos desnudos.

4. Los caminos _____ pasamos ya no tienen las risas nuestras y hoy los cubre el polvo y el silencio.

5. Ninguno de los chicos _____ compartí mi niñez vive ahora en mi pueblo.

6. La ciudad _____ se marcharon los ha convertido en seres púdicos y civilizados y nunca volverán al pueblo _____ nacieron.

7. El día _____ marcharon borraron todos los recuerdos. Nunca entenderé la razón _____ quieren negar su pasado de campo, agua y polvo.

8. Necesitas encontrar algo _____ ocuparte. Estás muy solo.

1.2. Cláusulas restrictivas con el antecedente como sujeto. En la sección anterior discutimos diferences nexos que sirven para conectar el antecedente con la subordinada adjetiva cuando el antecedente se interpreta como el complemento de una preposición. Consideremos ahora el caso de cuando el antecedente se interpreta como el sujeto de la subordinada adjetiva:

(1)a. El señor [**que** viene allí] es mi abuelo.
   b. Las fotografías [**que** están en este álbum] son impresionantes.
(2)a.*El señor [**quien/el cual/el que** viene allí] es mi abuelo.
   b.*Las fotografías [**las cuales/las que** están en este álbum] son impresionantes.

Si comparamos estos ejemplos vemos que en (1) no importa si el antecedente es [±HUMANO]; el nexo entre el antecedente y la subordinada es el pronombre relativo *que*.[7]

Si el antecedente posee el sujeto de la subordinada, *cuyo(a)(s)* es el elemento de relación:

(3)a. Los estudiantes [**cuyo profesor** es muy estricto]. . .
   b. El disco [**cuya carátula** fue diseñada por un pintor famoso]. . .

En (4) se resumen los pronombres relativos posibles según la naturaleza del antecedente y del predicado:

---

7 Sin embargo, véase la nota 2.

(4) NEXOS PARA LAS CLAUSULAS DE RELATIVO RESTRICTIVAS

antecedente	antecedente interpretado como:	
	complemento de P	sujeto de la subordinada
a. [+HUMANO]	P + art + que	*art + que
	P + art + cual(es)	*art + cual(es)
	P + quien(es)	*quien(es)
		que
b. [−HUMANO]	P + art + que	*art + que
	P + art + cual(es)	*art + cual(es)
		que
c. poseedor [±HUMANO]	P + cuyo(a)(s) + N	cuyo(a)(s) + N

1.3. Cláusulas restrictivas con el antecedente como complemento directo o indirecto. Consideremos primero cuando el antecedente se interpreta como el complemento directo.

    (1)a. La película [**que/*la cual/*la que** vimos ayer]. . .

        b. El chico [**que/a quien/al que/al cual** visitamos ayer]. . .

Como se puede apreciar en (1), si el antecedente es [−HUMANO], sólo el pronombre relativo *que* puede servir de nexo entre el antecedente y la subordinada adjetiva. Si el antecedente es [+HUMANO], entonces hay cuatro posibilidades: (i) el relativo *que*, (ii) el relativo *quien(es)* precedido de la *a*-personal, (iii) art + que precedido de *a*-personal y (iv) el relativo *art cual(es)* también precedido de la *a*-personal.

    Si el antecedente se interpreta como el complemento indirecto

    (2)a. La película [***que/a la que/a la cual** le censuraron muchas escenas]. . .

        b. El hombre [***que/a quien/al que/al cual** le regalaron un tocadiscos láser]. . .

Se ve en (2) que en este caso no se puede usar el relativo *que*, en tanto que sí se puede usar *quien(es)*, *art + que* y *art + cual(es)* precedidos de la *a* de complemento indirecto.

    Cuando el antecedente posee el complemento directo o indirecto de la subordinada se utiliza *cuyo(a)(s)*. Consideremos primero el caso en el que el antecedente es [+HUMANO]:

(3)a. La muchacha [**cuya casa** conozco muy bien] es mi mejor amiga.
   b. La muchacha [**a cuya hermana** conozco muy bien] es mi mejor amiga.
   c. La muchacha [**a cuya casa** le repararon el techo] está muy contenta.
   d. La muchacha [**a cuya hermana** le operaron la vesícula] está muy preocupada.

Obsérvese que si el complemento directo es [+HUMANO] aparece la *a*-personal. La *a* de complemento indirecto siempre precede a *cuyo(a)(s)* cuando el objeto poseído es el complemento indirecto.

Consideremos ahora el caso cuando el antecedente es [−HUMANO]:

(4)a. Las casas [**cuyos techos** repararon hace un año] todavía tienen problemas de gotera.
   b. Las casas [**a cuyos techos** les cambiaron las tejas] todavía tienen problemas de gotera.

En (4) se observa que si el antecedente posee el complemento directo, simplemente se usa *cuyo(a)(s)* como nexo. Si posee el complemento indirecto, entonces se usa *a cuyo(a)(s)*.

En (3) y (4) se ve que *cuyo(a)(s)* es el relativo para indicar posesión, sin importar la naturaleza [±HUMANO] del antecedente. Si el antecedente posee el complemento indirecto, siempre aparece la marca de complemento indirecto *a* precediendo a *cuyo(a)(s)* + *N*. Si el antecedente posee el complemento directo y este es humano, entonces *a*-personal aparece precediendo al nexo.

En (5) se resumen las combinatorias para estos casos:

(5) NEXOS PARA LAS CLAUSULAS DE RELATIVAS RESTRICTIVAS

antecedente	antecedente interpretado como complemento:	
	directo	indirecto
a. [+HUMANO]	a quien(es)	a quien(es)
	a + art + cual(es)	a + art + cual(es)
	a + art + que	a + art + que
	que	que
b. [−HUMANO]	*art + cual(es)	a + art + cual(es)
	*art + que	a + art + que
	que	*que
c. poseedor	cuyo(a)(s) + N	a + cuyo(a)(s) + N
[±HUMANO]	a cuyo(a)(s) + N	
	si N es [+HUMANO]	

1.4. La construcción con *art + que*. Es muy típico del español que un sustantivo que precede a un adjetivo aparezca silente:

(1)a. la casa grande → la ɸ grande
b. la mujer rubia → la ɸ rubia

A este fenómeno es lo que la gramática tradicional ha llamado «nominalización del adjetivo». Se observa el mismo fenómeno con las cláusulas de relativo:

(2)a. la mujer [que viene allí]
b. la ɸ [que viene allí]
c. los libros [que están encima del escritorio]
d. los ɸ [que están encima del escritorio]
e. los chicos [que vimos en la fiesta]
f. los ɸ [que vimos en la fiesta]
g. las mujeres [con las cuales trabaja]
h.?las ɸ [con las cuales trabaja]

Vemos que se puede elidir el antecedente tanto si es [±HUMANO] y en todas las funciones dentro de la subordinada adjetiva. El caso (2h) es quizás el que resulta menos natural, pero es aceptable.[8]

---

8 Si el pronombre relativo es *quien* cuando el antecedente se interpreta como el complemento de una preposición, el resultado no es aceptable:
(i)a. Las mujeres [para quienes trabajo]. . .
b.*Las ɸ [para quienes trabajo]. . .

Existe otra construcción parecida a las anteriores en la cual el artículo que aparece es el neutro *lo*:

(3)a. Lo φ [que está encima de la mesa]. . .
   b. Lo φ [que Marta me dijo]. . .
   c.?Lo φ [por lo que te preocupas]. . .

Lo + φ se interpreta como *eso*, *aquello*, *la cosa* y *que* es el pronombre relativo que remplaza a *lo φ* en la subordinada adjetiva. Aquí se interpreta el nombre silente como un sustantivo exclusivamente [−HUMANO], neutro y no específico.

Obsérvese que el antecedente de los ejemplos de (3) puede aparecer modificado por un cuantificador:

(4)a. Todo lo φ [que está encima de la mesa] es tuyo.
   b. Todo lo φ [que Marta me dijo] es mentira.
   c.?Todo lo φ [por lo que te preocupas] es nimio.

1.5. Relativos libres. En la sección anterior discutimos cláusulas de relativo en las que el antecedente podía aparecer silente, pero en las cuales siempre aparecía un artículo. Discutiremos ahora los relativos libres. Se entiende por «relativo libre» una cláusula de relativo que tiene un antecedente completamente silente.

Los ejemplos de (1) pueden aparecer también con un relativo libre, como se demuestra en (2). En estos ejemplos, *cuanto* es el pronombre relativo que se refiere al antecedente neutro *lo φ*.

(1)a. Todo lo φ [que está encima de la mesa] es tuyo.
   b. Todo lo φ [que Marta me dijo] es mentira.
   c.?Todo lo φ [por lo que te preocupas] es nimio.
(2)a. (Todo) φ [cuanto está encima de la mesa] es tuyo.
   b. (Todo) φ [cuanto Marta me dijo] es mentira.
   c. (Todo) φ [por cuanto te preocupas] es nimio.

Si el antecedente es humano pero no es definido como en los ejemplos de (3), entonces se usa *quien*:

(3)a. La φ [que viene allí] es María.

b. Los φ [que vimos en la fiesta] se estaban divirtiendo.

(4)a. φ [quien viene allí] es María.

b. φ [a quienes vimos en la fiesta] se estaban divirtiendo.[9]

Cuando el antecedente silente expresa tiempo se usa el relativo *cuando*; si expresa modo se utiliza *como* y si expresa lugar se utiliza *donde*:

(5)a. Ven φ [cuando quieras].

b. Hazlo φ [como quieras].

c. Ponlo φ [donde quieras].

Ejercicio 5.3. Complete las oraciones siguientes con el pronombre relativo adecuado. Agregue una preposición donde sea necesaria. Provea todas las posibilidades.

1. El pintor _____ cuadros vimos en el museo de arte moderno dará una charla el próximo miércoles.

2. Esta noche veré el programa _____ siempre veo los lunes.

3. Los profesores _____ te hablé enseñarán un curso juntos el próximo semestre.

4. ¿Has visto la manera _____ camina? ¡Parece un pato!

5. La razón _____ no fui a tu fiesta es porque tuve mucho trabajo el fin de semana.

6. Ayer conocí al hombre _____ le amputaron una pierna.

7. Todo _____ ves es una ilusión de tus ojos.

8. ¡Visítame _____ quieras! Podemos cocinar _____ quieras.

9. _____ no vinieron a la clase pasada no podrán hacer este ejercicio.

---

9 Cuando el antecedente silente se relaciona con una preposición dentro de la subordinada el resultado es agramatical. Obsérvese el contraste entre (ia) y (ib):

(i)a.?Las φ [con las cuales trabaja] son muy simpáticas.

b.*φ [con quienes trabaja] son muy simpáticas.

Obsérvese que ni la *a* personal ni la *a* de complemento indirecto se comportan como las otras preposiciones:

(ii)a. φ [a quienes vimos en la fiesta] se divertían mucho.

b. φ [a quienes les dimos vino] se emborracharon a muerte.

10. La muchacha _____ me siento es la hermana de Rosa.
11. Los líos _____ se encontraba metido lo llevaron al suicidio.
12. ¡No sabes _____ es capaz esa mujer!
13. Todo _____ hago me sale mal.
14. Nadie entendió _____ dijo.
15. La señora _____ vino no dijo _____ quería.
16. La ciudad _____ vive José es muy bonita.
17. ¡_____ se cree guapa, que se ponga de pie!
18. ¿Fuiste tú _____ dijo esa mentira?
19. _____ nada saben todo lo creen saber.
20. _____ te quiere te aporrea.

1.6. Sobre el modo en las relativas restrictivas.

1.6.1. Antecedente negativo. Si el antecedente de la cláusula de relativo no existe o se niega, el verbo subordinado aparece en subjuntivo:

(1)a. No conozco a nadie [que hable quichua en esta universidad].
b. No hay φ [quien pueda llevarme a la fiesta].
c. No dijo nada [que no supiéramos].

Compárense las oraciones anteriores con las de (2):[10]

(2)a. No vino φ [quien esperabas].
b. No creo nada [de lo que me has contado].
c. No existe ese disco [del que me hablas].

En este caso se interpreta como específico el antecedente de la relativa, de allí el uso del indicativo en la subordinada.

1.6.2. Antecedente no específico. También se usa el subjuntivo en los casos en que el antecedente no es específico y el hablante no se compromete con la realidad de su existencia. Compárense los siguientes pares de oraciones:

(3)a. Conozco a una secretaria [que habla 5 lenguas].
b. Busco una secretaria [que hable ruso].
(4)a. Tengo un amigo [que estudia rumano].
b. Necesito un traductor [que entienda rumano].

---

10 Ejemplos de Borrego et al. (1985: 46).

En (3a) y (4a) el hablante sabe de la existencia del antecedente; por eso se usa el indicativo en la subordinada adjetiva. En (3b) y (4b) el hablante no tiene experiencia con el antecedente, o no se asegura la existencia de dicho antecedente. De ahí el uso del subjuntivo en (3b) y (4b).

Encontramos un caso parecido en los ejemplos de (5) y (6):

(5)a. Fui al cine con el φ [que me llamó por la mañana].
   b. Iré al cine con el φ [que me llame por la mañana].
(6)a. ¡φ [quien hizo eso] que se levante!
   b. ¡φ [quien haya hecho eso] que se levante!

En (5a) hay un antecedente específico; en (5b) todavía no se sabe de la existencia del antecedente. En (6a) el hablante sabe que alguien del grupo al que se dirige ha hecho algo; en (6b) no es seguro que alguien de ese grupo haya hecho algo.

Los pronombres indefinidos *cualquiera/cualesquiera*, *quien(es)quiera*, *dondequiera* y *comoquiera* normalmente requieren de subjuntivo en la subordinada adjetiva si el hablante no tiene experiencia con el antecedente:

(7)a. Cualquiera [que haya dicho eso] es un ignorante.
   b. A quienquiera [que llame], dile que no estoy.
   c. (A) dondequiera [que vayas], te acordarás de mí.
   d. Comoquiera [que te vistas], siempre te verás desarreglado.

Compárense los ejemplos de (7) con los de (8), donde el hablante sí tiene experiencia con el antecedente:

(8)a. A quienquiera [que llamaba], le decía que no estabas.
   b. (A) dondequiera [que iba], siempre me acordaba de ti.
   c. Comoquiera [que se vestía], siempre se veía desarreglado.

1.6.3. Disponibilidad del antecedente. Cuando el significado del verbo de la oración principal implica la disponibilidad (o falta de ella) del antecedente de la relativa, la relativa aparece en infinitivo:

(9)a. Estoy buscando (a alguien) [a quien regalarle esta ropa].
   b. No tengo (nada) [que hacer].
   c. ¿Tiene (algo) [que declarar]?
   d. No tengo (nada) [que ponerme].

En los casos anteriores se sobreentiende el verbo *poder* o *deber*.[11]

(10)a. Estoy buscando (a alguien) [a quien (pueda) regalarle esta ropa].
   b. No tengo (nada) [que (pueda) hacer].
   c. ¿Tiene (algo) [que (deba) declarar]?
   d. No tengo (nada) [que (pueda) ponerme].

En los ejemplos de (10), obsérvese también el uso optativo del antecedente.

1.6.4. Superlativo enfático. Se puede enfatizar un antecedente superlativo utilizando el subjuntivo en la subordinada adjetiva:

(11)a. Esta es la mejor novela [que haya leído].
   b. Eres la persona más tonta [que haya conocido].

Ejercicio 5.4. Explique la diferencia entre los siguientes pares de oraciones. Cree contextos en los cuales usar estas formas:
(1)a. El que mal anda, mal acaba.
   b. El que mal ande, mal acabará.
(2)a. Estoy buscando un libro que tiene todos los verbos irregulares.
   b. Estoy buscando un libro que tenga todos los verbos irregulares.
(3)a. No hay quien sepa nada del asunto.
   b.*No hay quien sabe nada del asunto.
(4)a. No existe ese remedio del que hablas.
   b.*No existe ese remedio del que hables.
(5)a. Castigaré al que se haya comido mis chocolates.
   b. Castigaré al que se comió mis chocolates.
(6)a. Estas son las flores más olorosas que he visto.
   b. Estas son las flores más olorosas que haya visto.
(7)a. No tengo nada que hacer.
   b.*No le escribí a nadie que visitar.

Ejercicio 5.5. Complete las oraciones siguientes con la forma necesaria del verbo indicado. Justifique su respuesta.
1. ¡Vendrás cuando (nosotros) te _____ (invitar), no un día antes ni un día después!

---

11 Véase Borrego et al. (1985: 132) y Solé y Solé (1977: 124). Otros verbos de este tipo son *encontrar*, *haber*, *existir*, *asistir*, etc.

2. Todo cuanto _____ (tocar) el rey Midas se convertía en oro.

3. ¡Vete a acostar ahora; estás muy cansada! Todo cuanto _____ (escribir) no tendrá mucho sentido.

4. Quien mucho _____ (abarcar) poco _____ (apretar).

5. ¡Sálvese quien _____ (poder)!

6. No le abras a nadie que _____ (llamar) a la puerta.

7. Siempre le daba pan a quien _____ (llamar) a su puerta.

8. La que _____ (sentarse) detrás de Marta es mi hermana.

9. La que _____ (sentarse) detrás de Marta tendrá que soportar sus interminables suspiros.

10. El profesor dijo que quien _____ (sentarse) detrás de Marta tendría que soportar sus interminables suspiros.

11. Desde niño siempre buscaba lo que lo _____ (hacer) feliz y ahora es un hombre feliz.

12. No todo lo que _____ (brillar) es oro.

13. Los que _____ (asaltar) el banco robaron dos millones de pesos.

14. Todo lo que _____ (decir) desde ahora podrá usarse en su contra.

15. Insisto. Este es el libro más interesante que _____ (leer).

16. No escribió nada que _____ (valer) la pena de leer.

17. Quiero casarme con una mujer que _____ (saber) hacer empanadas y pastel de choclo.

18. Tengo tanto que _____ (hacer) que no sé a qué hora me acostaré esta noche.

19. Me dijo que buscaría un diccionario que _____ (tener) mapas y dibujos.

20. No se le concede crédito a nadie que no _____ (comprar) algo caro en su vida.

21. No hay mujer que _____ (tener) más suerte que ella.

22. No te preocupes. No les diré nada de lo que me _____ (contar).

23. El pueblo donde nosotros _____ (vivir) estaba cerca de un río caudaloso.

24. ¿No tienes nada que _____ (decirme)?

25. ¿Por qué no vamos a un café donde _____ (servir) capuchinos? ¿Alguien sabe de algún café por aquí cerca?

26. Ahora no componen canciones que _____ (tratar) del amor.

27. Las tiendas que _____ (vender) tabaco se llaman estancos en España.
28. El que nada _____ (hacer) nada teme.
29. Se bañó en el mar como Dios lo _____ (traer) al mundo.
30. El que _____ (guardar) una cerilla tiene fuego cuando lo necesita.

1.6.5. Construcciones reduplicativas. Hay ciertas construcciones que requieren de una cláusula de relativo y que muestran alternancia entre el subjuntivo y el indicativo. Se denominan «construcciones reduplicativas» porque en ellas siempre aparece repetido el verbo. En (12) se ilustran algunos ejemplos con subjuntivo:

(12)a. [Digas lo que digas] no te creerán.
   b. [Sea quien sea] no abras la puerta.
   c. [Saliera a la hora que saliera] siempre llegaba tarde a la oficina.
   d. [Dijera lo que dijera] siempre metía la pata.

La construcción reduplicativa con subjuntivo tiene un valor concesivo[12] y significa aproximadamente *no importa qué (diga/sea/salga)*. . .

Esta construcción también puede aparecer con el verbo subordinado en indicativo:

(13)a. [Dice lo que dice] porque está desesperado.
   b. [Es lo que es] porque tiene muchos amigos en el gobierno.
   c. [Salió a la hora que salió] porque despertó tarde.
   d. [Dijo lo que dijo] porque estaba enojado.

Vemos que en este caso, a diferencia de los ejemplos de (12), el hablante tiene experiencia con el evento de la reduplicativa. De ahí el uso del indicativo. Obsérvese que el tiempo de la principal parece controlar el tiempo de la reduplicativa.[13]

---

12 Véase el capítulo VI.

13 A pesar del paralelismo de construcción entre el subjuntivo/indicativo, ambas tienen una traducción diferente en inglés:
   (i)a. [Digas lo que digas]. . . *No matter what you say*. . .
      b. [Dices lo que dices]. . . *You (are) say(ing) what you (are) saying*. . .

Ejercicio 5.6. Complete las oraciones siguientes con la forma necesaria del verbo indicado.

1. _____ cuanto _____ (beber) de cerveza, Pedro siempre se emborracha.
2. Luis _____ cuanto _____ (beber) el fin de semana pasado porque estaba deprimido.
3. (Nosotros) _____ las horas que _____ (estudiar), nunca sacamos más de una B en los exámenes de cálculo.
4. _____ las horas que _____ (estudiar) porque era importante que sacáramos una buena nota.
5. María _____ lo que _____ (comprarse) porque no tenía más dinero.
6. _____ lo que _____ (pensar) mis amigos, me voy a poner estos pantalones rosados.
7. _____ el sueldo que _____ (ganar), siempre querré ganar más.
8. _____ lo que _____ (disponer) el gobierno, los ciudadanos siempre salían a la calle después del toque de queda.
9. El gobierno _____ lo que _____ (disponer) porque estaban en estado de emergencia.
10. _____ quien _____ (perder) esta partida de ajedrez, continuaremos siendo amigos, ¿no?

1.6.6. *Poco(a)(s)* **+ N como antecedente**. Hay una diferencia muy sutil entre (14a) y (14b):

(14)a. Tengo pocos amigos [que me conocen bien].
    b. Tengo pocos amigos [que me conozcan bien].

En (14a) implicamos que tengo algunos amigos, aunque no muchos, que me conocen. Es decir, indicamos que son pocos, pero a la vez decimos que sí existen. En (14b) sólo nos centramos en la poca cantidad y no necesariamente en la existencia.[14]

Al agregar un artículo indefinido a las construcciones de (14), sólo el (14a) es aceptable:

(15)a. Tengo unos pocos amigos [que me conocen bien].
   b.*Tengo unos pocos amigos [que me conozcan bien].

En (15a) se ha perdido la connotación de que son pocos los amigos que me conocen. Ahora simplemente digo que tengo «algunos» amigos.[15] Este antecedente no es compatible con el subjuntivo.

Ejercicio 5.7. Explique la diferencia entre los siguientes grupos de oraciones.
 (1)a. Dijo pocas cosas que no sabíamos.
   b. Dijo pocas cosas que no supiéramos.
   c. Dijo unas pocas cosas que no sabíamos.
   d.*Dijo unas pocas cosas que no supiéramos.
 (2)a. Vayas donde vayas puedes hablar inglés.
   b. Va donde va porque allí puede hablar inglés.
 (3)a. Hay pocos jóvenes que conocen esa canción.
   b. Hay pocos jóvenes que conozcan esa canción.
   c. Hay unos pocos jóvenes que conocen esa canción.
   d. ¿Hay unos pocos jóvenes que conozcan esa canción? (cf. 1d)
 (4)a. Vieran lo que vieran en la calle, nunca decían nada.
   b. Vieron lo que vieron porque se fueron al barrio chino.
 (5)a. Apenas leía cosas que le interesaban verdaderamente.
   b. Apenas leía cosas que le interesaran verdaderamente.

---

14 Compárense las siguientes frases en inglés:
   (i)a. I have a few friends [that know me well].
     b. I have few friends [that know me well].
El contraste que se observa en (i) no es el contraste que se observa en (14). En (ia) decimos que tenemos «algunos» amigos, sin centrarnos en el hecho de que son pocos. En (ib) decimos que son pocos, sin centrarnos en la idea de que existen. Sin embargo, si se acentúa la palabra *few* se obtiene la diferencia requerida:
   (ii)a. I have a *few* friends [that know me well].
     b. I have few friends [that know me well].
En (iia) decimos que son pocos a la vez que decimos que existen. En (iib) sólo decimos que son pocos.
   15 Este caso sí es equivalente a *a few friends*, donde *few* no está enfatizado. Véase la nota 14.

2. Cláusulas de relativo no restrictivas

Propusimos en la sección de introducción de este capítulo que las cláusulas de relativo no restrictivas tienen las siguientes características:
(a) dan información extra
(b) hay una pausa (una coma, al escribir) entre el antecedente y la subordinada adjetiva
(c) el universo de discurso es el antecedente
(d) sólo puede haber una cláusula de relativo
(e) el antecedente siempre debe aparecer expreso.

A continuación discutiremos los distintos tipos de cláusulas de relativo no restrictivas según la relación sintáctica entre el antecedente y la cláusula de relativo no restrictiva.

2.1. Cláusula no restrictiva con el antecedente como complemento de una preposición. Distinguiremos dos casos, dependiendo de la naturaleza [±HUMANO] del antecedente.

Si el antecedente es [+HUMANO], hay tres opciones: (i) preposición + *quien (es)* (ejemplo 1a); (ii) preposición + artículo concordante con el antecedente + *que* (ejemplo 1b); (iii) preposición + artículo concordante con el antecedente + *cual(es)* (ejemplo 1c):

(1)a. Marta, [**con quien** salí ayer], es muy simpática.
  b. Marta, [**con la que** salí ayer], es muy simpática.
  c. Marta, [**con la cual** salí ayer], es muy simpática.

Si el antecedente en [−HUMANO], sólo se puede usar la segunda y tercera opción:

(2)a. Esos libros, [**con los que** estudié para el examen], son excelentes.
  b. Esos libros, [**con los cuales** estudié para el examen], son excelentes.

Para posesión se usa *cuyo(a)(s)*, al igual que en las restrictivas:

(3)a. Marta, [**con cuyo padre** trabajo] es mi mejor amiga.
  b. Hay que mandar a arreglar esa computadora, [**con cuyo teclado** tenemos problemas].

Comparando estas construcciones con las de las cláusulas de relativo restrictivas que discutimos en la sección 1.1, vemos que no hay diferencia en cuanto a los nexos que se usan para conectar el antecedente con la cláusula de relativo.

2.2. Cláusula no restrictiva con el antecedente como sujeto. Al discutir las cláusulas restrictivas vimos que el relativo *que* era el único pronombre relativo posible cuando el antecedente se interpretaba como el sujeto de la subordinada adjetiva. Hay más opciones con las no restrictivas:

(1)a. Marta, [**que/quien/la cual/?la que** vive allí] es muy simpática.
b. Esos libros, [**que/los cuales/?los que** me recomendaste] son muy interesantes.

Para expresar posesión del sujeto de la subordinada por parte del antecedente se usa *cuyo(a)(s)*:

(2)a. Marta, [**cuyo perro** mordió a mi hermanito], quiere mandarlo a la perrera.
b. Ese disco, [**cuya carátula** fue diseñada por un pintor famoso], se ha vendido mucho.

En (3) se resumen los pronombres relativos posibles para estos dos casos de cláusulas de relativo no restrictivas:

(3) NEXOS PARA LAS CLAUSULAS DE RELATIVO NO RESTRICTIVAS

antecedente	antecedente interpretado como:	
	complemento de P	sujeto de la subordinada
a. [+HUMANO]	P + art + que	?art + que
	P + art + cual(es)	art + cual(es)
	P + quien(es)	quien(es)
		que
b. [−HUMANO]	P + art + que	?art + que
	P + art + cual(es)	art + cual(es)
		que
c. poseedor [±HUMANO]	P + cuyo(a)(s) + N	cuyo(a)(s) + N

2.3. Cláusula no restrictiva con el antecedente como complemento directo o indirecto. Consideremos primero el caso en el que el complemento es [+HUMANO]:

    (1)a. Marta, [***que/a quien/a la cual/a la que** conozco muy bien], es mi mejor amiga.

        b. Marta, [***que/a quien/a la cual/a la que** le escribo todas las semanas], es mi mejor amiga.

Cuando el antecedente es [−HUMANO], tenemos:

    (2)a. Esos libros, [**?que/los cuales/los que** te recomendé hace mucho tiempo], son muy importantes.

        b. Debes devolver esos libros, [***que/a los cuales/a los que** les falta un capítulo].

Cuando el antecedente posee el complemento directo o indirecto de la subordinada se utiliza *cuyo(a)(s)*. Consideremos primero el caso cuando el antecedente es [+HUMANO]:

    (3)a. Marta, [**cuya casa** conozco muy bien], es mi mejor amiga.

        b. Marta, [**a cuya hermana** conozco muy bien], es mi mejor amiga.

        c. Marta, [**a cuya casa** le repararon el techo], está muy contenta.

        d. Marta, [**a cuya hermana** le operaron la vesícula], está muy preocupada.

Obsérvese que si el complemento directo es [+HUMANO] aparece la *a*-personal. La *a* de complemento indirecto siempre precede a *cuyo(a)(s)* cuando el objeto poseído es el complemento indirecto.

Consideremos ahora el caso en el que el antecedente es [−HUMANO]:

    (4)a. Las casas, [**cuyos techos** repararon hace un año], todavía tienen problemas de gotera.

        b. Las casas, [**a cuyos techos** les cambiaron las tejas], todavía tienen problemas de gotera.

En (4) se observa que si el antecedente posee el complemento directo, simplemente se usa *cuyo(a)(s)* como nexo. Si posee el complemento indirecto, entonces se usa *a cuyo(a)(s)*.

En (3) y (4) se ve que *cuyo(a)(s)* es el relativo para indicar posesión, sin importar la naturaleza [±HUMANO] del antecedente. Si el antecedente posee el complemento indirecto, siempre aparece la marca de complemento indirecto *a* precediendo a *cuyo(a)(s)* + *N*. Si el antecedente posee el complemento directo y este es humano, entonces *a*-personal aparece precediendo al nexo.

En (5) se resumen las combinatorias para estos casos:

(5) NEXOS PARA LAS CLAUSULAS DE RELATIVAS NO RESTRICTIVAS

antecedente	antecedente interpretado como complemento:	
	directo	indirecto
a. [+HUMANO]	a quien(es)	a quien(es)
	a + art + cual(es)	a + art + cual(es)
	a + art + que	a + art + que
	*que	*que
b. [−HUMANO]	art + cual(es)	a + art + cual(es)
	art + que	a + art + que
	?que	*que
c. poseedor	cuyo(a)(s) + N	a + cuyo(a)(s) + N
[±HUMANO]	a cuyo(a)(s) + N	
	si N es [+HUMANO]	

Ejercicio 5.8. Complete las oraciones siguientes con el nexo adecuado. Agregue una preposición donde sea necesario. Donde haya más de una respuesta, provea todas las formas.

1. Aquí está la tumba de Allende, _____ generales lo traicionaron.
2. José Luis, _____ ha escrito muchas novelas de amor, es un ingeniero muy conocido.
3. ¿Conoces a Andolin, _____ yo asistí a la universidad hace más de diez años?
4. Mis mejores amigas en ese tiempo eran Paula y Marisol, _____ estudiaban conmigo en el departamento.
5. Marisol, _____ ahora tiene dos hijos, ya no hace investigaciones lingüísticas.
6. Esta casa, _____ sótano se inunda cada vez que llueve, está a la venta.

7. Esos ideales, _____ todos nosotros luchamos, han pasado de moda.
8. Quisiera además agradecer a Roberto, _____ jamás hubiera podido terminar este proyecto.
9. El escritor _____ se ganó el premio nacional el año pasado acaba de publicar una novela, _____ es incluso mejor que la novela premiada.
10. Marta, _____ marido te hablé, se quiere divorciar.

2.4 Cláusulas no restrictivas con un antecedente sentencial o adjetival. El último tipo de cláusula adjetiva que consideraremos en este capítulo es aquel donde la relativa tiene como antecedente una oración, un adjetivo o un adverbio. En este caso el relativo es *lo que* o *lo cual*, como se demuestra en (1):

(1)a. Marta está muy triste, [**lo que/lo cual** me preocupa mucho].
   b. Marta es muy inteligente, [**lo que/lo cual** Josefina no es].

Coloquialmente puede usarse también *cosa que*:

(2)a. Marta está muy triste, [**cosa que** me preocupa mucho].
   b. Marta es muy inteligente, [**cosa que** tú no eres].

Ejercicio 5.9. Complete las oraciones siguientes con una oración adjetiva no restrictiva.
1. José no vino a clase hoy, . . .
2. Marta parece muy simpática, . . .
3. Le envié un ramo de flores a su oficina, . . .
4. Este bebé está muy flaco, . . .
5. Lisette es una bioquímica muy conocida, . . .

Ejercicio 5.10. Complete las oraciones siguientes con el relativo adecuado. Agregue una preposición donde sea necesario. Luego identifique la cláusula adjetiva y señale cómo se interpreta el antecedente en la oración subordinada.
1. Le regales _____ le regales, nunca está contento este niño.
2. _____ a buen árbol se arrima, buena sombra lo cobija.
3. Tuvo que llevar el coche al garage, _____ me sorprendió mucho porque apenas lo había comprado la semana pasada.
4. No entendimos nada _____ habló ese conferenciante.
5. A estas casas no les pasó nada, pero _____ estaban cerca del mar sufrieron considerables daños.

6. Se puso _____ se puso porque estaba muerto de frío.

7. Por fin encontré a Susana, _____ he andado buscando desde hace mucho tiempo.

8. _____ llora no mama.

9. ¿Por qué no invitas a Marta y a Josefa, _____ acaban de regresar de la China?

10. Lamentamos los inconvenientes _____ mi tardanza le haya podido ocasionar.

11. _____ hay en esta sala fue un obsequio de un ex-alumno millonario.

12. _____ fueres haz _____ vieres.

13. Esa universidad tiene diez mil estudiantes, muchos _____ son extranjeros.

14. Sus padres, _____ se acuerda a menudo, le escriben todas las semanas.

15. Kiko, _____ tiene dos hijos muy inteligentes, era el mejor estudiante de su universidad, _____ era la más selectiva del país.

16. Ese es el senador _____ yo fui ayudante.

17. Mi novia, _____ es muy guapa, siempre saluda a todos _____ pasan por la calle.

18. Se gratificará _____ delate a Escobar, _____ es un narcotraficante peligroso.

19. Mis hermanos, _____ conociste en la fiesta de Ana, te mandan muchos saludos.

20. Guillermo, _____ le envié una tarjeta para su cumpleaños, todavía no me escribe agradeciéndome.

21. ¡No tengo absolutamente nada _____ decirle a ese imbécil!

22. El día _____ se mejoró se fue a nadar al mar, _____ le causó una pulmonía que casi lo mató.

23. ¿Ya compraste el libro _____ reseña leímos en el periódico la semana pasada?

24. José, _____ se nos olvidó invitar a la fiesta, está muy sentido con nosotros.

25. Josefina es muy honesta, _____ es muy importante (ser) en la vida.

26. Te quiero y todo _____ tengo es tuyo.

27. Esa es la profesora _____ vamos a tener una recepción porque ha ganado un concurso de novela.

28. En un lugar de Ecuador _____ nombre no quiero acordarme, vive una amiga mía, _____ todavía está enojada conmigo.
29. ¡No te rías de _____ tienen problemas!
30. No hagas nada _____ después tengas que arrepentirte.

2.5. Construcciones hendidas y seudo-hendidas. Hay tres construcciones que usan los mismos nexos que las cláusulas de relativo no restrictivas sin ser cláusulas de relativo. Estas se ilustran en (1):

(1)a. [La que está cantando] es María.
   b. María es [la que está cantando].
   c. Es María [la que está cantando].

Apunta Porto Dapena (1986: 48) que el procedimiento de formación de estas construcciones consiste en «escindir o separar un elemento nominal sustituyéndolo en la oración por un relativo y uniendo ésta a aquél por medio del verbo *ser*». Estas construcciones sirven para focalizar el elemento al que hace referencia la oración que tiene la estructura de una cláusula de relativo; *María*, en los ejemplos de (1). El ejemplo de (1a) se conoce como «oración seudo-hendida regular», la de (1b) como «oración seudo-hendida inversa» y la de (1c) como «oración hendida».[16] En los tres casos *María* lleva un acento contrastivo y hay una pequeña pausa entre *María* y el elemento que la sigue en (1b) y (1c). Como observa D'Introno (1979), las tres oraciones tienen el mismo significado y responden a la pregunta:

(2) ¿Quién es la que está cantando?

Para facilitar la descripción que sigue, denominaremos «foco» al elemento focalizado y «relativa focalizadora» a la construcción que parece una cláusula de relativo, como se demuestra en (3):

(3) [La que está cantando] es María
       ↑   ↑
  relativa focalizadora   foco

Consideremos a continuación los diferentes tipos de construcción separadamente.

---

16 Véanse Rivero (1971) y D'Introno (1979) para una discusión de estas construcciones dentro del marco generativo transformacional de la época.

2.5.1. Construcciones nominales con *P* + *lo que*. Antes de discutir los distintos tipos de oraciones hendidas y seudo-hendidas, es necesario que hagamos un paréntesis sobre unas construcciones muy comunes del español que parecen ser frases preposicionales pero que son frases nominales con un antecedente silente.[17] En la sección anterior hemos propuesto que construcciones como (4a) tienen un sustantivo silente que indicamos con ϕ.

(4)a. No veo lo que está encima de la mesa.
  b. No veo lo ϕ [que está encima de la mesa].

La frase nominal *lo* ϕ se puede remplazar por un demostrativo como *aquello*, como se ilustra en (5), y significa *la cosa, el objeto*:

(5) No veo aquello [que está encima de la mesa].

¿Qué sucede cuando el verbo subordinado requiere una preposición? Considérese (6):

(6) Por fin vi aquello [**con lo que** se divertía].

Como se demostró en la sección 1.1 de este capítulo, los demostrativos requieren del relativo *lo que* después de una preposición. Sin embargo, si remplazamos *aquello* por *lo* ϕ en (6) obtenemos una construcción con un toque coloquial:[18]

(7) &Por fin vi lo ϕ [**con lo que** se divertía].

De la misma manera:

(8)a. El amor era aquello sin lo que no podía vivir.
  b.&El amor era lo ϕ [**sin lo que** no podía vivir].
(9)a.&Este proyecto es lo ϕ [para lo que te necesito].
  b.&Ahora entiendo lo ϕ [por lo que nos castigó].

---

17 Esta discusión está basada en el importante libro de Plann (1980), del cual se adoptan los ejemplos y análisis.

18 Usaremos aquí el símbolo & para indicar «coloquial». Esto quiere decir que estas construcciones son principalmente construcciones orales que normalmente el hablante evitaría al escribir. Al oído del hablante «culto» estas construcciones suenan mal formadas debido a la repetición de los artículos.

Estas formas coloquiales que quizás se evitan en la forma escrita por la cacofonía de *lo-lo* se simplifican elidiendo el primer *lo*, resultando en:

(10)a. Por fin vi φ [**con lo que** se divertía].

    b. El amor era φ [**sin lo que** no quería vivir].

    c. Este proyecto es φ [**para lo que** te necesito].

    d. Ahora entiendo φ [**por lo que** nos castigó].

Este fenómeno de elisión de *lo* por cacofonía lo encontramos también con los otros artículos:

(11)   -¿Con qué chica saliste anoche? ¿Esta o aquella?

    a. -&Esa es la φ [**con la que** salí anoche].

    b. - Esa es φ [**con la que** salí anoche].

(12)a. -&Esos señores son los φ [**para los que** trabajo].

    b. - Esos señores son φ [**para los que** trabajo].

Por lo tanto, el hecho de que la preposición preceda al artículo no nos resulta extraño ya que el artículo no es el artículo del sustantivo silente φ sino parte del relativo *los/la que*. Vemos entonces que las construcciones anteriores con *P + lo que* son frases nominales que contienen un antecedente silente.

Se resuelve así algo que para Bello constituía un misterio. Observa Bello (1977, §803-4) al referirse a estas construcciones:[19] «Si el relativo *que* fuese precedido de preposición, [. . .] diríamos, «eso era lo (φ) a que con tanta ansia aspirabas»; «esta vieja casa es la (φ) en que se abrigó nuestra infancia»,. . . Pero esta construcción regular no es la que prefiere ordinariamente la lengua [y decimos «eso era *a lo que* con tanta ansia aspirabas»; «esta vieja casa es *en la que* se abrigó nuestra infancia»; H.C.]. El giro genial del castellano es anteponer la preposición al artículo». La confusión de Bello reside en el hecho de que para él las subordinadas adjetivas son *[a que con tanta ansia aspirabas]* y *[en que se abrigó nuestra infancia]*, las cuales modifican a un sustantivo silente. De ahí que para Bello la preposición tenga que «saltar» por encima del artículo. Como hemos visto más arriba, no ha habido ningún salto de la preposición. Lo que ha ocurrido es que se ha elidido el artículo que modifica al nombre silente para evitar la cacofonía entre el artículo y el relativo. El artículo al que se refiere Bello es el artículo del relativo y no el artículo del

---

19 Se ha agregado φ a los ejemplos donde Bello cree que hay un sustantivo silente.

antecedente. De allí que, desafortunadamente, no haya tal «giro genial» del castellano.[20]

Ejercicio 5.11. Complete las oraciones siguientes con el nexo necesario.

1. Voy a mostrarte _____ jugaba cuando era niño.
2. ¿Cuándo vas a decirme _____ me necesitas?
3. Nos explicó _____ no quiso asistir a la fiesta.
4.-¿Has visto el pijama del niño?
   - Ayer vi _____ dormía y estaba todo descosido.
5. La amistad a medias es _____ no tiene paciencia.
6. Su hijo menor es _____ no puede vivir.
7. Eso era algo _____ se enojaba mucho.
8. ¿Qué será _____ hablará ese conferenciante mañana?
9. El lápiz es _____ escribo.
10. La nariz es _____ respiramos.

2.5.2. Las construcciones seudo-hendidas regulares. En las construcciones seudo-hendidas regulares la relativa focalizadora precede al foco. Las construcciones seudo-hendidas regulares son posibles con sujetos (13a), con complementos directos (13b) y con complementos indirectos (13c):[21]

(13)a. [**Quien/la que** está cantando] es María.

   b. [**A quien/a la que** veo] es (a) María.

   c. [**A quien/ a la que** le escribo] es (a) María.

---

20 Gili Gaya (1961: §232) discute casos como:
(i)a. Sé el blanco a que tiras.
  b. Sé al blanco que tiras.
(ii)a. Viendo el ahinco con que la mujer suspiraba. . .
  b. Viendo con el ahinco que la mujer suspiraba. . .
En estos casos pareciera que la preposición se saltara al antecedente. Todavía no hay acuerdo entre los gramáticos respecto a la estructura de los ejemplos (i) y (ii).
21 La estructura de (13) contiene un nombre silente, como se demuestra en (i):
(i)a. φ [Quien/la que está cantando] es María.
  b. φ [A quien/a la que veo] es (a) María.
  c. φ [A quien/a la que le escribo] es (a) María.
En (i) *la que* es, por lo tanto, un relativo y no una estructura como *la φ que*. Se explica así por qué no tenemos *la φ a la que veo*. Se evitan aquí estos detalles para no complicar la explicación. Véase también Plann (1980).

Vemos que cuando el foco es [+HUMANO], usamos el artículo concordante + *que*[22] o *quien(es)* precedidos de *a* en los casos en los que el foco es el complemento directo o indirecto. Se observa además que el uso de *a* en el foco en (13b,c) es optativo. Como se verá más adelante, esta es una estrategia del español por medio de la cual el foco concuerda en caso y función con el papel que tiene en la relativa focalizadora. Así en (13b) aparece como acusativo, con la *a* personal y en (13c) como dativo con la *a* de complemento indirecto. Estos casos y funciones son los mismos que tiene esta frase nominal en la relativa focalizadora.

Los sujetos y complementos de (13) tienen el rasgo [+HUMANO]. Si el sujeto es [−HUMANO], se utiliza *lo que* en la relativa focalizadora:

(14)a. [**Lo que** está encima de la mesa] es el gato.
    b. [**Lo que** visitó] fue el museo.
    c. [**A lo que** le falta una pata] es a la mesa.

Lo que es también el nexo si el foco es una frase verbal:

(15)a. [**Lo que** hace] es trabajar todo el día.
    b. [**Lo que** quiere] es que vaya a la playa con ella.
    c. [**Lo que** está haciendo] es pintando la casa.
    d. [**Lo que** he hecho] es cocinado una rica cena para ti.

Con frases preposicionales también es posible una oración seudo-hendida. Cuando el foco contiene un sustantivo [+HUMANO] se usa el artículo concordante + *que* o *quien* precedido de la preposición:[23]

(16)a. [**De la que/de quien** me acuerdo mucho] es (de) María.
    b. [**Con la que/con quien** salgo mucho] es (con) Marta.

---

22 Los «artículos concordantes» son *el, la, los, las. Lo* es el artículo neutro.
23 Nuevamente, en estos casos, la verdadera estructura sería
(i) φ [**de la que/de quien** me acuerdo mucho] es (de) María.
Se observa que aquí también es optativo el uso de la preposición. La preposición se usa para que *María* tenga el mismo caso y función que *María* en la relativa focalizadora.

En estos casos se tiende a preferir la preposición con la frase nominal en el foco, pero son aceptables las construcciones de (16) sin la preposición.

Cuando el foco es [−HUMANO] obtenemos:

(17)a. [**De lo que** habló] fue (de) la película.
  b. [**Por lo que** paso] es (por) el estadio.

Se observa en (17) que si el foco es [−HUMANO], este debe ir precedido de la preposición y en la relativa focalizadora aparece *lo que*. Si el foco indica lugar o tiempo se puede usar *donde* o *cuando*, respectivamente:[24]

(18)a. [**Por donde** paso siempre] es por el estadio.
  b. [**Para cuando** lo terminará] es para mañana.

También es posible la construcción seudo-hendida con adjetivos y adverbios. Con los adjetivos tanto *como* como *lo que* son posibles; con los adverbios sólo *como*:

(19)a. [**Como/lo que** estará] es triste.
  b. [**Como** corre] es rápidamente.[25]

La distribución de las oraciones seudo-hendidas regulares es parecida a la de las cláusulas de relativo no restrictivas. Pero hay diferencias importantes. Una diferencia es que los conectores *cuyo(a)(s)*, *cual(es)* y el relativo *que* no se permiten en las construcciones seudo-hendidas regulares sin la presencia de un artículo. Otra diferencia es que cuando el foco es [−HUMANO] se requiere de *lo que* como nexo.

---

24 Con un foco de tiempo no se puede usar *lo que*:
(i) [**Para cuando/*para lo que** necesito el trabajo] es para mañana.
25 Es interesante observar que si se usa un adverbio que coincide en forma con el adverbio, se puede usar *lo que*:
(i)a. Lento/*lentamente es [**lo que** corre].
  b. Rápido/*rápidamente es [**lo que** habla].

En (20) se resumen las combinatorias para las construcciones seudo-hendidas regulares:

(20) CONSTRUCCIONES SEUDO-HENDIDAS REGULARES

función del foco	relativa focalizadora
sujeto	
[+HUMANO]	art + que, quien(es)
[−HUMANO]	lo que
complemento directo	
[+HUMANO]	a + art + que, a + quien(es)
[−HUMANO]	lo que
complemento indirecto	
[+HUMANO]	a + art + que, a + quien(es)
[−HUMANO]	a lo que
complemento de preposición	
[+HUMANO]	P + art + que, P + quien(es)
[−HUMANO]	P + lo que
lugar	P + lo que, donde
tiempo	cuando
frase verbal	lo que
adjetivo	como, lo que
adverbio	como

2.5.3. Las oraciones seudo-hendidas inversas. En las oraciones seudo-hendidas inversas el foco precede al verbo y a la relativa focalizadora. Estas construcciones son posibles cuando el foco es el sujeto (21a), el complemento directo (21b,c) o el complemento indirecto (21d,e):

(21)a. María es [**la que/quien** está cantando].

   b. (A) María fue [**(a) la que/(a) quien** vi].

   c. A María fue [**que** vi].

   d. (A) María fue [**a la que/a quien** le escribí].

   e. A María fue [**que** le escribí].

En los casos anteriores tenemos un foco [+HUMANO]. Estos casos son similares a los de las construcciones seudo-hendidas, con la excepción de que con los complementos directo e indirecto es posible usar *que* además de las otras opciones. Como se observa en (21c) y (21e), si se usa *que* en la relativa focaliza-dora, se debe usar *a* en el foco.[26]

Si el foco es [−HUMANO] se requiere de *lo que*. Sin embargo, aquí también es posible *que*, como se demuestra en (22):

(22)a. El gato es [**lo que/que** está encima de la mesa].
   b. El museo fue [**lo que/que** visitó].
   c. (A) la mesa es [**a lo que** le falta una pata].
   d. A la mesa es [**que** le falta una pata].

Esta construcción también se encuentra con complementos preposicio-nales cuando el foco es [+HUMANO]:

(23)a. (De) María es [**de la que/de quien** me acuerdo mucho].
   b. De María es [**que** me acuerdo mucho]
   c. (Con) Marta es [**con la que/con quien** salgo mucho].
   d. Con Marta es [**que** salgo mucho]
   e. (Por) el estadio es [**por donde** paso siempre].
   f. Por el estadio es [**que** paso siempre].
   g. (Para) mañana es [**para cuando** lo terminará].
   h. Para mañana es [**que** lo terminará].

Nuevamente la distribución es similar a la de las oraciones seudo-hendidas, pero se puede además usar *que* como nexo. Si se usa *que*, el foco debe necesariamente aparecer con una preposición.

Si el foco es [−HUMANO] se requiere de *lo que* siguiendo a la preposición:

(24)a. (De) la película fue [**de lo que** habló].
   b. De la película fue [**que** habló].
   b. (Con) un lápiz es [**con lo que** escribo].
   d. Con un lápiz es [**que** escribo].

---

26 No son equivalentes las oraciones con *que* de (21b,d) a las de (21c,e), sin embargo. Considérense los ejemplos (21d) y (21e), repetidos aquí como (ia) e (ib), respectivamente:

  (i)a. (A) María fue [(**a**) **la que**/(**a**) **quien** vi].
    b. A María fue [**que** vi].

En (ia) hay un contraste implícito, vi a María y no a otro(s). En (ib) no está implícito tal contraste. En (ia) hablamos de María. En (ib) hablamos de una acción, en la cual enfatizamos a María.

LA SUBORDINACION ADJETIVA

Se observa en (24) que *que* también es posible en estas construcciones.

Lo que también sirve de nexo cuando el foco es una frase verbal:

(25)a. Trabajar todo el día es [**lo que** hace].

    b. Que vaya a la playa con ella es [**lo que** quiere].

    c. Pintando la casa es [**lo que** está haciendo].

    d. Cocinado una rica cena para ti es [**lo que** he hecho].

Si el foco indica lugar o tiempo se puede usar o una construcción con preposición o *donde*, *cuando* o *que* como nexo. En (26) se ilustran las combinatorias para cuando el foco indica lugar:[27]

(26)a. Por el estadio es [(**por**) **lo que** paso siempre].

    b. El estadio es [**por lo que** paso siempre].

    b. Por el estadio es [**que** paso siempre].

    c. Por el estadio es [(**por**) **donde** paso siempre].

    d. El estadio es [**por donde** paso siempre].

Consideremos ahora lo que ocurre cuando el foco es un adjetivo o un adverbio:

(27)a. Triste es [**como/lo que/que** estará].

    b. Rápidamente es [**como/que** corre].

Vemos que tenemos las mismas opciones que para las seudo-hendidas regulares con la opción extra de *que*.

---

27 Cuando el foco indica tiempo no es posible la construcción con *lo que*:
(i)a. Para mañana es [**para cuando/que**/***para lo que** necesito el trabajo].

En (28) se resumen las alternativas para las construcciones seudo-hendidas inversas:

(28) CONSTRUCCIONES SEUDO-HENDIDAS INVERSAS

función del foco	relativa focalizadora
sujeto	
[+HUMANO]	art + que, quien(es)
[–HUMANO]	lo que
complemento directo	
[+HUMANO]	a + art + que, a + quien(es), que
[–HUMANO]	lo que, que
complemento indirecto	
[+HUMANO]	a + art + que, a + quienes, que
[–HUMANO]	a + lo que, que
complemento de preposición	
[+HUMANO]	P + art + que, P + quien(es), que
[–HUMANO]	P + lo que, que
lugar	P + lo que, (P) donde, que
tiempo	cuando, que
frase verbal	lo que
adjetivo	como, lo que, que
adverbio	como, que

Comparando el cuadro (28) de las seudo-hendidas inversas con el de las seudo-hendidas regulares de (20), vemos que en las inversas existe una opción que no existe en las regulares: se puede usar *que* en todos los casos excepto cuando el foco es un sujeto o una frase verbal.

Ejercicio 5.12. Invierta las siguientes construcciones seudo-hendidas regulares. Exprese todas las opciones.
1. A quien quiero es a María.
2. Lo que me agrada es levantarme tarde los fines de semana.
3. Lo que estoy es deprimido.
4. Lo que no tengo es dinero.
5. Quien llegó fue una profesora de Bolivia.
6. Al que no vi en la fiesta fue a Joaquín.
7. A la que le robaron la billetera fue a Igone.
8. A quien le tienes que pedir perdón es a tu padre.
9. Con el que tienes que hablar urgentemente es con el profesor.
10. Con quien es fácil sacar buenas notas es con el ayudante.

11. Lo que estoy haciendo es terminando una novela.
12. Lo que no quiero es que me tomes por idiota.
13. Como lloraba era desoladamente.
14. De quien se acuerda siempre es de su ñaña.
15. A la que se llevaron presa fue a Juana.
16. Con lo que le pegaban a Paty era con la escoba.
17. Por donde se escapaba Roberto era por la ventana.
18. De lo que no dijo nada fue del dinero.
19. El que se portó muy mal fue Guillermo.
20. Lo que no tienes es paciencia.

Ejercicio 5.13. Responda usando oraciones seudo-hendidas regulares e inversas. Exprese todas las posibilidades.

1. ¿Quién es el que tiene problemas?
2. ¿A quién fue que le compraste esa impresora?
3. ¿A quién fue el que le compraste esa impresora?
4. ¿Dónde es que queda ese cine?
5. ¿A qué hora es que te acostaste anoche?
6. ¿Cómo es que estaba cuando llegó a casa?
7. ¿Con cuáles libros es que te preparaste para el examen?
8. ¿Cuál de ellos es el que te pegó?
9. ¿Qué es lo que dijo?
10. ¿Qué es lo que estás haciendo?
11. ¿Por qué barrio fue que paseamos anoche?
12. ¿Qué es lo que le molesta a Norma?
13. ¿Qué es lo que quiere Carolina?
14. ¿Qué es lo que piensa Susana del asunto?
15. ¿Quién es la que quiere tener muchos niños?

Ejercicio 5.14. Identifique las siguientes oraciones seudo-hendidas. Luego complételas con los nexos necesarios. Donde haya más de una opción, expréselas todas.

1. _____ está esperando es José.
2. A la iglesia es _____ quiero ir.
3. ¡_____ quiero es que me dejes en paz!
4. De política es _____ siempre habla.
5. _____ tengo es hambre. ¿Y tú?
6. Con María es _____ fui al cine anoche.
7. A Boston es _____ se mudará el mes que viene.
8. Rosa es _____ me dijo que se casaría Luis.

9. _____ necesito comprar es una mesa.
10. A las cinco es _____ necesitas llegar.
11. Lavando el coche es _____ estaba haciendo cuando llegó Pepe.
12. ¿Roberto, flaco? Pero, ¡qué dices! Gordo es _____ está.
13. Al profesor fue _____ le pedí que me escribiera una carta de recomendación.
14. _____ lo busca, señor, es una señora que dice que es su amante. ¿La hago pasar?
15. A un hoyo fue _____ se cayó mi pobre abuelito y _____ tiene que hacer ahora es andar con muletas.
16. ¿Que qué hice el fin de semana pasado? Trabajar en este estúpido proyecto fue _____ hice.
17. De José es _____ soy amigo y _____ quiero es que me preste cincuenta dólares.
18. Por el centro de la ciudad es _____ te quiero llevar a pasear.
19. Gratis es _____ no te dejarán usar esa computadora en la escuela de negocios.

2.5.4. Las construcciones hendidas. En las oraciones hendidas el elemento focalizado sigue a la cópula y precede a la relativa focalizadora.

Consideremos primero cuando el foco es [+HUMANO]. En (29) se observa que las oraciones hendidas son posibles con sujetos y complementos directos e indirectos:

(29)a. Es María [**la que/quien/que** está cantando].
   b. Fue a María [**a la que/a quien/que** vi].
   c. Fue a María [**a la que/a quien/que** le escribí].
   d. Es trabajar todo el día [**lo que** hace].

Se observará que en las construcciones de (29), a diferencia de las construcciones seudo-hendidas inversas de (28), es posible usar *que* cuando el foco es el sujeto o el complemento de la oración.

Si el foco es [−HUMANO] se requiere de *lo que* y *que* es también posible:

(30)a. Es el gato [**lo que/que** está encima de la mesa].
   b. Es el museo de arte [**lo que/que** visitó Pedro].
   c. Es a la mesa [**a lo que/que** le falta la pata].
   d. Es la mesa [**a lo que** le falta la pata].

También son posibles las construcciones hendidas con complementos de preposición cuando el foco es [+HUMANO]:

(31)a. Es (de) María [**de la que/de quien** me acuerdo mucho].
    b. Es de María [**que** me acuerdo mucho]
    c. Es (con) Marta [**con la que/con quien** salgo mucho].
    d. Es con Marta [**que** salgo mucho]
    e. Es (por) el estadio [**por donde** paso siempre].
    f. Es por el estadio [**que** paso siempre].
    g. Es para mañana [**para cuando** lo terminará].
    h. Es para mañana [**que** lo terminará].

La distribución de las oraciones de (31) es idéntica a la de (23). Vemos que si se usa *que* como nexo, el foco debe incluir una preposición.

Se observa el mismo comportamiento cuando el foco es [−HUMANO]:

(32)a. Fue (de) la película [**de lo que** habló].
    b. Fue de la película [**que** habló].
    c. Es (con) un lápiz [**con lo que** escribo].
    d. Es con un lápiz [**que** escribo].

Se observa en (32) que *que* también es posible en estas construcciones.

Lo que también sirve de nexo cuando el foco es una frase verbal:

(33)a. Es trabajar todo el día [**lo que** hace].
    b. Es que vaya a la playa con ella [**lo que** quiere].
    c. Es pintando la casa [**lo que** está haciendo].
    d.?Es cocinado una rica cena para ti [**lo que** he hecho].

Si el foco indica lugar o tiempo se puede usar o bien una construcción con preposición, o bien *donde*, *cuando* o *que* como nexo. En (34) se ilustran las combinaciones en las que el foco indica lugar:[28]

---

28 Cuando el foco indica tiempo no es posible la construcción con *lo que*.
(i)a. Es para mañana [**para cuando/que/*para lo que** necesito el trabajo].

(34)a. Es por el estadio [(**por**) **lo que** paso siempre].

    b. Es el estadio [**por lo que** paso siempre].

    c. Es por el estadio [**que** paso siempre].

    d. Es por el estadio [(**por**) **donde** paso siempre].

    e. Es el estadio [**por donde** paso siempre].

Consideremos ahora lo que ocurre cuando el foco es un adjetivo o un adverbio:

(35)a. Es triste [**como/lo que/que** estará].

    b. Es rápidamente [**como/que** corre].

En (36) se resumen las alternativas para las construcciones seudo-hendidas inversas:

(36) CONSTRUCCIONES HENDIDAS

función del foco	relativa focalizadora
sujeto	
[+HUMANO]	art + que, quien(es), que
[−HUMANO]	lo que, que
complemento directo	
[+HUMANO]	a + art + que, a + quien(es), que
[−HUMANO]	lo que, que
complemento indirecto	
[+HUMANO]	a + art + que, a + quiene, que
[−HUMANO]	a + lo que, que
complemento de preposición	
[+HUMANO]	P + art + que, P + quien(es), que
[−HUMANO]	P + lo que, que
lugar	P + lo que, (P) donde, que
tiempo	cuando, que
frase verbal	lo que
adjetivo	como, lo que, que
adverbio	como, que

Vemos que tenemos las mismas opciones que para las seudo-hendidas inversas del cuadro (28), con la opción extra de *que*, el cual puede aparecer ahora también con el sujeto.

Ejercicio 5.15. Convierta las siguientes construcciones seudo-hendidas regulares en construcciones hendidas. Exprese todas las opciones.

1. A quien quiero es a María.
2. Lo que me agrada es levantarme tarde los fines de semana.
3. Lo que estoy es deprimido.
4. Lo que no tengo es dinero.
5. Quién llegó fue una profesora de Bolivia.
6. Al que no vi en la fiesta fue a Joaquín.
7. A la que le robaron la billetera fue a Igone.
8. A quien le tienes que pedir perdón es a tu padre.
9. Con el que tienes que hablar urgentemente es con el profesor.
10. Con quien es fácil sacar buenas notas es con el ayudante.
11. Lo que estoy haciendo es terminando una novela.
12. Lo que no quiero es que me tomes por idiota.
13. Como lloraba era desoladamente.
14. De quien se acuerda siempre es de su ñaña.
15. A la que se llevaron presa fue a Juana.
16. Con lo que le pegaban a Paty era con la escoba.
17. Por donde se escapaba Roberto era por la ventana.
18. De lo que no dijo nada fue del dinero.
19. El que se portó muy mal fue Guillermo.
20. Lo que no tienes es paciencia.

Ejercicio 5.16. Responda las siguientes preguntas usando oraciones hendidas. Exprese todas las posibilidades.

1. ¿Quién es el que tiene problemas?
2. ¿A quién fue que le compraste esa impresora?
3. ¿A quién fue al que le compraste esa impresora?
4. ¿Dónde es que queda ese cine?
5. ¿A qué hora es que te acostaste anoche?
6. ¿Cómo es que estaba cuando llegó a casa?
7. ¿Con qué libros es que te preparaste para el examen?
8. ¿Cuál de ellos es el que te pegó?
9. ¿Qué es lo que dijo?
10. ¿Qué es lo que estás haciendo?
11. ¿Por qué barrio fue que paseamos anoche?
12. ¿Qué es lo que le molesta a Norma?
13. ¿Qué es lo que quiere Carolina?
14. ¿Qué es lo que piensa Susana del asunto?
15. ¿Quién es la que quiere tener muchos niños?

3. Construcciones con cuantificadores

3.1. Contrucciones con *lo mucho/poco que*. Considérense los ejemplos en (1):

(1)a. Me sorprende lo mucho que sabe Ana.
   b. Me molesta lo poco que habla Joaquín.

Lo mucho/poco significa «la poca cantidad». La presencia de *lo* nos indica que *lo mucho* es una frase nominal.[29] Propondremos la siguiente estructura para las construcciones de (1):

(2)a. Me sorprende lo φ mucho [que sabe Ana].
   b. Me molesta lo φ poco [que habla Joaquín].

Si *lo φ mucho* y *lo φ poco* son frases nominales, las oraciones entre corchetes en (2) son cláusulas de relativo. Se puede apreciar en estos ejemplos que el nexo relativo en estos casos es *que*. Ninguno de los otros nexos discutidos anteriormente nos dan resultados aceptables. En (3) se dan otros ejemplos:

(3)a. Me preocupó lo φ mucho [que se enojó Roberto].
   b. No me asombró lo φ poco [que hizo la semana pasada].

3.2. Construcciones con *lo + ADJ/ADV + que*. Muy típico del español son construcciones como las de (1), que se parecen a las construcciones que discutimos en la sección anterior:

(1)a. Me sorprende lo lento/lentamente que habla Ana.
   b. Es increíble lo larga que es esta lección.
   c. Es asombroso lo bien que habla español Jane.

Aunque en las construcciones de (1) no aparece ningún adverbio de cantidad, interpretamos las oraciones anteriores como si lo tuvieran:

---

29 Como demuestra Plann (1980: 60), se puede demostrar que *lo mucho/poco* funciona como un sustantivo y no como un adverbio. En (i) se observa que puede funcionar como sujeto, función no típica de los adverbios:(ejemplos de Plann)
   (i)a. Lo mucho/poco que han dormido ha sido documentado por la prensa.
    b. Lo mucho/poco que habla ha sido criticado por sus colegas.
También puede aparecer esta construcción como complemento de una preposición, posición vedada a los adverbios:
(ii) No digas nada contra lo mucho/poco que habla el jefe.

(2)a. Me sorprende lo (muy) lento/lentamente que habla Ana.

b. Es increíble lo (muy) larga que es esta lección.

c. Es asombroso lo (muy) bien que habla español Jane.

Siguiendo el análisis de Plann (1980), propondremos que las estructuras de (1) son las que se muestran en (3):

(3)a. Me sorprende lo φ (muy) lento/lentamente [**que** habla Ana].

b. Es increíble lo φ (muy) larga [**que** es esta lección].

c. Es asombroso lo φ (muy) bien [**que** habla español Jane].

Vemos que en estos casos el nexo es *que*.[30]

3.3. *Lo* + *ADJ/ADV* + *que* como comparativo. La misma construcción que discutimos en la sección anterior también se usa como comparativo:

(1)a. Robertito no es lo inteligente que era su padre.

b. Luzmira no es lo seria que era mi abuela.

Estas oraciones son equivalentes a las de (2):

(2)a. Robertito no es tan inteligente como (lo que) era su padre.

b. Luzmira no es tan seria como era mi abuela.

A diferencia de la comparativa con *tan*, esta construcción sólo puede aparecer en construcciones negativas:

(3)a. *Robertito es lo inteligente que era su padre.

b. *¿Es Luzmira lo seria que era tu abuela?

3.4. Cuantificador silente. La oración (1) es ambigua:

(1) Me sorprende el ejercicio que hace.

En (1) me sorprende el ejercicio (lo difícil, lo duro, . . .) que hace, o bien la cantidad de ejercicio que hace. En esta segunda lectura hay, por lo tanto,

---

30 Obsérvese que estas construcciones pueden aparecer en construcciones donde aparecen frases nominales, apoyando así la hipótesis de que estas construcciones son frases nominales con una cláusula de relativo, como arguyera Plann (1980):

(i)a. Lo bien que baila Jorge es su mejor cualidad.

b. Lo buenas que son esas niñas demuestra que este tipo de educación es válida.

un cuantificador silente. Esta ambigüedad se resuelve sintácticamente cuando usamos el plural:

(2)a. Me sorprendieron los cantos que cantó.
 b. Me sorprendió los cantos que cantó.
(3)a. Me preocupan los problemas que tiene.
 b. Me preocupa los problemas que tiene.

En (2a) me sorprenden los cantos y en (3a) me sorprenden los problemas, por su naturaleza. En (2b) lo que me sorprende es la cantidad de cantos, así como en (3b) me sorprende la cantidad de problemas. Obsérvese que en los ejemplos (a) la concordancia ocurre con *cantos* y *problemas* y el verbo aparece en plural; en los ejemplos (b) la concordancia es con el nombre silente ϕ que equivale a «la cantidad» y la concordancia del verbo es en singular.

Ejercicio 5.17. Complete las siguientes oraciones lógicamente:
 1. Me preocupa lo pálida . . .
 2. Me molestó lo muy tranquilamente . . .
 3. Nos asustó lo seria . . .
 4. Miguel habló de lo divertido . . .
 5. Les inquieta lo taciturno . . .
 6. No le hagas caso a lo . . .
 7. ¿No es asombroso lo . . .
 8. No me gustó lo . . .
 9. Esa película no fue lo . . .
10. Jaime no es lo . . .

3.5. Construcciones con *lo + ADJ es que*. En la sección 2.5.3 discutimos las construcciones seudo-hendidas como (1):

(1)a. La que está cantando es María.
 b. Lo que está encima de la mesa es el gato.

Para las construcciones con adjetivos nominalizados también es posible esta construcción, si bien no son posibles ni las construcciones seudo-hendidas inversas ni las hendidas.

(2)a. Lo triste es que no sabe nada.

b. Lo cómico es que cree que lo sabe todo.

(3)a.*Es lo triste que no sabe nada.

b.*Que no sabe nada es lo triste.

Vemos que en (3) *[que no sabe nada]* es el elemento focalizado.[31] Esta construcción presenta alternancia entre el indicativo/subjuntivo. Compárense las construcciones en (4):

(4)a. Lo cómico es que Pepe no sabe nada del asunto.

b. Lo cómico es que Pepe no sepa nada del asunto.

Hay una diferencia entre (4a) y (4b). En (4a) el hablante informa que Pepe no sabe nada del asunto a la vez que da su opinión sobre el tema. En (4b) sólo da su opinión; el contenido de la relativa es conocido.

Es posible tener dos relativas en esta construcción:

(5)a. Lo que me da risa es que Pepe no sabe nada del asunto.

b. Lo que me da risa es que Pepe no sepa nada del asunto.

c. La cosa que me da risa es que Pepe no sabe nada del asunto.

d. La cosa que me da risa es que Pepe no sepa nada del asunto.

Obsérvese la secuencia de tiempos:

(6)a. Lo que me dio risa es que no sabía nada del asunto.

b. Lo que me dio risa es que no supiera nada del asunto.

Ejercicio 5.18. Dé su opinión respecto a las siguientes aseveraciones.

1. Los profesores no ganan mucho dinero. Lo. . .

2. Marta siempre recibe buenas notas. Lo. . .

3. Josefina no quiso hablar con Luis. Lo. . .

4. El prisionero fue torturado por la policía. Lo. . .

5. El gobierno censuró una exposición de arte. Lo. . .

---

31 En estas construcciones hay un sustantivo silente que se interpreta como *el hecho*:

(i)a. Lo cómico es φ [que no sabe nada del asunto].

b. Lo cómico es φ [que no sepa nada del asunto].

Como se discutió en el capítulo anterior, el sustantivo *hecho* permite una subordinada sustantiva tanto en el indicativo como en el subjuntivo.

6. Estados Unidos se jacta de ser la democracia perfecta. Lo. . .
7. -¡Te estuve llamando toda la noche! -¡Bah! Lo. . .
8. El nene rompió el jarrón de porcelana. Lo. . .
9. Gregorio miente todo el tiempo. Lo. . .
10. Guillermo todavía no acaba su tesis. Lo. . .

Ejercicio 5.19. Identifique todas las subordinadas sustantivas y adjetivas del siguiente texto:

Yo estaba en Roma por primera vez, estudiando en el Centro Experimental de Cine, y viví su calvario con una intensidad inolvidable. La pensión donde vivíamos era en realidad un apartamento moderno a pocos pasos de la Villa Borghese, cuya dueña ocupaba dos alcobas y alquilaba cuatro a estudiantes extranjeros. La llamábamos María Bella, y era guapa y temperamental en la plenitud de su otoño, y siempre fiel a la norma sagrada de que cada quien es rey absoluto dentro de su cuarto. En realidad, la que llevaba el peso de la vida cotidiana era su hermana mayor, la tía Antonieta, un ángel sin alas que le trabajaba por horas durante el día, y andaba por todos lados con su balde y su escoba de jerga lustrando más allá de lo posible los mármoles del piso. Fue ella quien nos enseñó a comer los pajaritos cantores que cazaba Bartolino, su esposo, por un mal hábito que le quedó de la guerra, y quien terminaría por llevarse a Margarito a vivir en su casa cuando los recursos no le alcanzaron para los precios de María Bella.

Gabriel García Márquez, *Doce cuentos peregrinos*

Ejercicio 5.20. Identifique todas las subordinadas sustantivas y adjetivas del siguiente texto:

La imagen que tenemos de la ciudad siempre es algo anacrónica. El café ha degenerado en bar; el zaguán que nos dejaba entrever los patios y la parra es ahora un borroso corredor con un ascensor en el fondo. Así, yo creí durante años que a determinada altura de Talcahuano me esperaba la Librería Buenos Aires; una mañana comprobé que la había reemplazado una casa de antigüedades y me dijeron que don Santiago Fischbein, el dueño, había fallecido. Era más bien obeso; recuerdo menos sus facciones que nuestros largos diálogos. Firme y tranquilo, solía condenar el sionismo, que haría del judío un hombre común, atado, como todos los otros, a una sola tradición y un solo país, sin las complejidades y discordias que ahora lo enriquecen.

Jorge Luis Borges, *El informe de Brodie*

Ejercicio 5.21. Identifique todas las subordinadas sustantivas y adjetivas en la siguiente fracción de un poema de Benedetti:

TESTAMENTO DE MIERCOLES

Aclaro que éste no es un testamento
de esos que se usan como colofón de vida
es un testamento mucho más sencillo
tan sólo para el fin de la jornada

o sea que lego para mañana jueves
las preocupaciones que me legara el martes
levemente alteradas por dos digestiones
las usuales noticias del cono sur
y una nube de mosquitos casi vampiros

lego mis catorce estornudos del mediodía
una carta a mi mujer en que falta la posdata
al final de una novela que a duras penas leo
las siete sonrisas de cinco muchachas
ya que hubo una que me brindó tres
y el ceño fruncido de un señor
que no conozco ni aspiro conocer

Ejercicio 5.22. Identifique todas las subordinadas sustantivas y adjetivas en la siguiente fracción de un poema de Paz:

LA PINTURA TIENE UN PIE EN LA ARQUITECTURA Y OTRO EN EL SUEÑO

La tierra es un hombre, dijiste, pero el hombre no
es la tierra
el hombre no es este mundo ni los otros mundos
que hay en este mundo y en los otros,
el hombre es el momento en que la tierra duda de
ser tierra y el mundo de ser mundo,
el hombre es la boca que empaña el espejo de las
semejanzas y analogías,

el animal que sabe decir no y así inventa nuevas
semejanzas y dice sí,

el equilibrista vendado que baila sobre la cuerda
floja de una sonrisa,

el espejo universal que refleja otro mundo al
repetir a éste, el que transfigura lo que copia,

el hombre no es el que es, célula o dios, sino el
que está siempre más allá.

VI.

LA SUBORDINACION ADVERBIAL

CAPITULO VI:

LA SUBORDINACION ADVERBIAL

0. Introducción

Se denomina «proposición subordinada adverbial» a aquella construcción que tiene el mismo papel que un adverbio; es decir, que modifica cualitativa o cuantitativamente a la oración principal y expresa circunstancias del verbo principal. Hay nueve tipos de subordinadas adverbiales. Estos diferentes tipos aparecen en (1) en el mismo orden en que los discutiremos a continuación:[1]

(1) Subordinadas adverbiales:
  (a) de lugar   (d) finales   (g) concesivas
  (b) de modo   (e) consecutivas   (h) causales
  (c) de tiempo   (f) condicionales   (i) comparativas

1. Subordinadas de lugar

Las subordinadas de lugar indican donde ocurre la acción de la oración principal y el nexo principal es *donde*. Como se observa en el *Esbozo de una nueva gramática de la lengua española* de la RAE (1979: §3.21.2), estas construcciones son realmente «un caso particular de las oraciones adjetivas». Considérense los ejemplos de (1):

(1)a. Esta es la casa en que nací.
   b. Esta es la casa donde nací.

---

1 Gran parte de la discusión de esta sección está basada en la excelente presentación del tema en Borrego et al. (1985).

Según el *Esbozo*, el ejemplo de (1a) es una subordinada adjetiva mientras que el de (1b) es una subordinada adverbial. Esta diferencia es artificiosa y, sintácticamente ambas construcciones tienen las mismas propiedades.[2]

Estas subordinadas pueden indicar dirección (2a), destino (2b), término (2c), origen (2d) o tránsito (2e). Se observa en (2) que pueden o no tener un antecedente silente:

(2)a. No sé la dirección [**hacia donde** iba].
  b. Iré φ [**(a) donde** voy todos los veranos].
  c. No sé φ [**hasta donde** llegaré].
  d. Yo sé el sitio [**de donde** vienes].
  e. Pasaron φ [**por donde** no habían pasado nunca].

En estas construcciones se usa el indicativo en la subordinada cuando hay [+EXPERIENCIA] y subjuntivo cuando hay [−EXPERIENCIA].

(3)a. Estudiará [donde estudió su padre].
  b. Estudiará [donde estudie su novio].
  c. Dijo que estudiaría [donde estudiara su novio].

En (3a) hay [+EXPERIENCIA] ya que el padre, de hecho, estudió en un lugar definido. En (3b) y (3c) no hay experiencia, de allí el uso del subjuntivo. Se observa que la alternancia indicativo/subjuntivo no depende del tiempo del verbo, sino de [±EXPERIENCIA] con respecto a la acción del verbo subordinado, donde [+EXPERIENCIA] indica que la acción ha ocurrido y hay, por ende, experiencia.

2. Subordinadas de modo

Las subordinadas de modo indican la manera en que se realiza la acción de la oración principal. Algunos nexos son *como*, *según*,[3] *del mismo modo que*, *igual*

---

2 Véase Plann (1975, 1980).

3 *Según* se puede usar por sí solo con el significado de «depende», donde denota eventualidad o contingencia:
(i) -¿Vendrás a la fiesta?
  - Según.

que, *tal cual (como)*,[4] *conforme*, *así como*, *tal como*, etc. En (1) se muestran algunos ejemplos:

(1)a. Lo hice [**como** me dijiste].
  b. Lo escribí [**según** me dijiste].
  c. Lo dibujé [**del mismo modo que** me dijiste]
  d. Pintaré la casa [**igual que** me dijiste].
  e. Rellené el formulario [**tal cual (como)** me dijiste].
  f. Lo copié [**conforme** me dijiste].
  g. Fue al cine [**así como** estaba].
  h. ¿Por qué no vienes [**tal como** estás]?

Existen también las formas *según y como* y *según y conforme*, las cuales equivalen a «de igual suerte o manera que»:

(2)a. Hazlo [**según y como** te dijeron].
  b. Lo haré [**según y conforme** pueda].

Como en los casos anteriores de las subordinadas de lugar, la alternancia indicativo/subjuntivo depende del rasgo [±EXPERIENCIA]:

(3)a. Lo escribiré [**según** me dicen].
  b. Lo escribiré [**según** me digan].

En (3a) ya le han dicho al hablante como escribirlo. En (3b) todavía no.
  Otras construcciones también pueden expresar subordinación de modo. Una construcción con gerundio sirve como modificador de modo:

(4)a. Llegó a casa [**hablando** mal de su profesora].
  b. Caminaba por la calle [**cantando** sevillanas].

---

4 En este caso también se puede usar *tal y cual* y *tal cual y como*.
(i)a. Lo hice [**tal y cual** me dijiste].
  b. Lo hice [**tal cual y como** me dijiste].

Las construcciones comparativas también sirven de modificadores de modo:

(5)a. Escribe [**tan rápido como habla**].
　　b. Estudia [**tanto como come**].
　　c. Gano [**menos de lo que crees**].

3. Subordinadas de tiempo

Las subordinadas de tiempo nos sirven para situar en el tiempo la acción de la oración principal. Las distintas subordinadas de tiempo sirven para indicar anterioridad, simultaneidad o posterioridad de la oración principal con respecto a la subordinada.

3.1. Anterioridad. Los siguientes nexos o construcciones sirven para expresar anterioridad de la principal: *antes de que*, *previo a (que)*, *primero (que)*, etc.:

(1)a. Marta llegó a casa [**antes de que** José hubiera preparado la cena].
　　b. [**Previo a que** empecemos la discusión], ¿podemos discutir este otro proyecto?
　　c. Me moriré [**primero (que)** encuentres un trabajo].

Estos nexos requieren de subjuntivo. *Antes de* y *previo a* van seguidos de un infinitivo cuando los sujetos de la principal y la subordinada coinciden. Esta opción no existe para *primero*:

(2)a. Marta terminó la tarea [**antes de/previo a que** José la llamara].
　　b. Marta terminó la tarea [**antes de/previo a** llamar a José].

3.2. Simultaneidad. Algunos nexos que expresan simultaneidad entre la subordinada y la principal son: *al mismo tiempo que*, *cuando*, *mientras (que)*, *mientras (tanto)*, *en tanto (que)*, *entretanto (que)*, *a medida (que)*, *según (que)*, etc.:

(1)a. Cantaba [**al mismo tiempo que** caminaba].
　　b. Lloraba [**cuando** estaba triste].
　　c. Veía las noticias [**mientras (que)** cocinaba].
　　d. Oía música [**mientras (tanto)** trabajaba].
　　e. Leía una revista [**en tanto (que)** esperaba al peluquero].
　　f. [**Entretanto (que)** preparo la cena], ¿por qué no pones la mesa?
　　g. Esta materia se complica [**a medida (que)** pasa el tiempo].
　　h. Cada vez me gusta más Susana [**según (que)** la voy conociendo].

Como se ve en los ejemplos anteriores, no se usa el infinitivo cuando los sujetos son idénticos. Sin embargo, la alternancia indicativo/subjuntivo depende, nuevamente, del rasgo [±EXPERIENCIA]:[5]

(2)a. Lloraba [cuando estaba triste].
 b. Llorará [cuando esté triste].

Hay ciertas construcciones que también expresan simultaneidad: estas son las construcciones con un gerundio simple (3a) y las construcciones con *al + infinitivo* (3b):[6]

(3)a. [**Caminando** por la calle], yo te vi.
 b. [**Al salir** a la calle], yo te vi.

3.3. Posterioridad. Los siguientes nexos expresan posterioridad de la principal con respecto a la subordinada: *después de (que), no bien, apenas, así (que), luego (que), tan pronto (como), en cuanto, una vez que, cuando,*[7] *como* (poco usual), etc. Se demuestran algunos ejemplos en (1):

(1)a. [**Después de que** Marta llegó], vimos una película de video.
 b. La llamé por teléfono [**no bien** llegué a casa].
 c. Les escribí [**apenas** llegué a París].
 d. Te llamaré [**así que** llegue a la oficina].
 e. ¿Qué quieres hacer [**luego que** acabes la carrera]?
 f. [**Tan pronto (como)** oyó la buena noticia], se puso a gritar como loco.
 g. [**En cuanto** la vio], se le tiró a los brazos.
 h. ¿Por qué no me llamas [**una vez (que)** termines tu trabajo]?
 i. Encontró un excelente trabajo [**cuando** acabó su carrera].
 j. [**Como** la vea] le pediré el dinero que le presté.[8]

---

5 La excepción parece ser *al mismo tiempo que*:
(i)a. Cantará [al mismo tiempo que caminará].
 b. Cantará [al mismo tiempo que camine].
6 Si la subordinada de tiempo tiene un sujeto expreso, este debe seguir al verbo:
(i)a. [Caminando María por la calle], se encontró con Luis.
 b. [Al salir Roberto al patio], vio que su perro no estaba.
7 Obsérvese que *cuando* también indica simultaneidad.
8 Esta oración también se puede interpretar como una condicional:
(i) Si la veo, le pediré el dinero que le presté.
Véase la sección 6.

Como se ve en los ejemplos (1d,e,h,j), si no hay experiencia se usa el subjuntivo. Todos los nexos anteriores requieren siempre de una oración témpica con la excepción de *después de* que aparece con indicativo o infinitivo:

(2)a. [**Después de que** (yo) termine la tarea], (yo) te llamaré.
   b. [**Después de** terminar (yo) la tarea], (yo) te llamaré.

El gerundio perfecto también indica posterioridad de la principal:

(3)a. [**Habiendo terminado** la tarea], salí a dar una vuelta.
   b. Intentó dormir [**habiendo apagado** la luz].

Lo mismo ocurre con el participio pasado en las construcciones absolutivas:

(4)a. [**Terminada** la tarea], salí a dar una vuelta.
   b. [**Apagada** la luz], intenté dormir.

3.4. Inicio, término, repetición. *Desde que* indica inicio; *hasta (que)* y *a (que)* indican término y *cada vez que* y *siempre que* indican repetición:

(1)a. [**Desde que** lo conocí], mi vida ha cambiado.
   b. No me acostaré [**hasta que** termine el trabajo].
   c. No me acostaré [**hasta** terminar el trabajo].
   d. ¿Por qué no esperas [**a que** termine la película]?
   e. [**Cada vez** que la veo], me salta el corazón.
   f. [**Siempre que** oigo su voz], me lleno de emoción.

Desde que, *hasta que*, *cada vez que* y *siempre que* presentan la alternancia indicativo/subjuntivo dependiendo de [±EXPERIENCIA]. *A que*, por otra parte, siempre requiere de subjuntivo si el sujeto de la principal es diferente del de la subordinada; si son iguales, se usa el infinitivo:

(2)a. Espera [**a que** María termine de cenar].
   b. Espera [**a** terminar de cenar].

Mientras que también puede indicar término como *hasta que*, pero requiere de una oración principal negativa:

(2)a. No me acostaré [mientras NO termine el trabajo].
   b. No me acostaré [hasta que (no) termine el trabajo].

Se observa que si usamos *mientras* se requiere de un *no* expletivo en la subordinada.[9] El uso de *no* es optativo con *hasta que*.[10]

3.5. ¿Nexos discontinuos? Hay ciertas construcciones donde aparecen dos nexos, por lo cual pareciera que tuviéramos nexos discontinuos. Esto ocurre cuando se quiere enfatizar la anterioridad de la oración principal con respecto a la subordinada de tiempo:

(1)a. **(Apenas)** se había divorciado **cuando** se volvió a casar.
   b. **(Aún)** no habíamos terminado de darle la buena noticia **cuando (ya)** estaba gritando de alegría.
   c. **(No bien)** había terminado el manuscrito **cuando** dos casas editoriales querían publicárselo.

No tenemos aquí, por lo tanto, casos de nexos discontinuos.

Ejercicio 6.1. Exprese de otra manera la subordinada entre corchetes. Identifique el tipo de subordinada.
1. La escuela [en que estudié] era un colegio de monjas.
2. Planté el arbolito [tal como me dijiste].
3. Rosa se morderá la lengua [primero que le pida perdón a Luis].
4. [Mientras yo hago el almuerzo], ¿por qué no sacudes los muebles?
5. [Según que vamos estudiando más gramática], podemos escribir mejor.
6. [Escribiendo el poema], descubrí que Marta era mi inspiración.
7. Iré revisando esos papeles [según y conforme pueda].
8. Rosamunda va a su siquiatra [cada vez que se siente deprimida].
9. [Habiendo recibido el dinero], se fue de viaje a Las Bahamas.
10. [Al entrar a la casa], vio que alguien había entrado por la cocina.

---

9 *Mientras (que)* también se usa para expresar un contraste entre dos situaciones:
   (i) Mientras (que) Pepe es muy guapo, su hermano es más bien feo.
En este caso siempre se usa indicativo.
   De esto se sigue que una oración como (ii) es ambigua:
   (ii) Mientras (que) Lucía hace la cena, Roberto ve televisión.
En (ii) puede haber simultaneidad de acción o contraste.
   10 Este *no* expletivo no sirve de antecedente a una palabra negativa, como se observa en (i):
   (i)a. ¡No te acostarás [**hasta que** no quede nada en el plato]!
   b.*¡No te acostarás [**mientras** no quede nada en el plato]!

11. [Frita la cebolla], se le agrega la carne.
12. Le gusta conducir [oyendo música de Mozart].

Ejercicio 6.2. Complete las siguientes subordinadas adverbiales con los elementos necesarios. Identifique el tipo de subordinada.

1. Iremos a España _____ ahorremos suficiente dinero.
2. No estudiaré griego _____ no domine bien el español.
3. Hay que rellenar esos formularios _____ lo exige el gobierno.
4. ¿Por qué me sigues? ¡Yo no sé _____ voy!
5. _____ (leer) a Borges, se dio cuenta de que había muchas palabras que no sabía.
6. _____ (hacer) las compras que necesitaba, regresó a casa.
7. ¿Por qué no vamos al cine _____ salgamos de la oficina?
8. ¡Dime _____ vienes y te diré _____ irás!
9. No te prestaré más dinero _____ me devuelvas lo que te presté.
10. ¡No nos vayamos todavía! ¿Por qué no esperamos _____ lleguen?
11. Juana no hablaba español _____ seguir ese curso.
12. Te prometo que pasaré _____ tú pasaste.
13. Estaba tan enamorado de ella que le prometió que iría _____ ella fuera.
14. ¿Por qué no juegas con tu amiguito _____ yo termino de hacer esto?
15. _____ Juana estudia inglés, su novio trabaja en el hospital.

Ejercicio 6.3. Complete las oraciones siguientes con el verbo en la forma indicada. Luego identifique el tipo de subordinada.

1. ¡Esperen hasta que (yo) les _____ (decir) que comiencen el examen!
2. Conforme _____ (ir) llegando el público, los actores se ponían más y más nerviosos por su debut.
3. Antes de que yo le _____ (poder) decir nada, ella me tiró por la cara todas las cartas de amor que le había mandado.
4. Nos dijo que apenas (ella) _____ (saber) como estaba su padre, nos escribiría.
5. Estoy tan nervioso en este vuelo que cuando (yo) _____ (tocar) tierra, besaré la tierra tres veces.

6. Desde que Enrique _____ (mudarse) de casa, no ve más fantasmas.
7. Llegaremos hasta donde nos _____ (alcanzar) el dinero.
8. Había escrito la composición tal cual como le _____ (decir) el profesor, y sin embargo, recibió una mala calificación.
9. Una vez que José _____ (quitarse) las gafas, lo reconocí inmediatamente.
10. Josefina armó el mueble según y como _____ (decir) en el manual.
11. Hasta que no _____ (haber) justicia social no habrá paz en la tierra.
12. ¿Estudiarás quichua mientras (tú) _____ (vivir) en Ecuador?
13. Marta pintaba la casa en tanto que Luis _____ (barnizar) los muebles.
14. Nos iremos apenas _____ (amanecer).
15. Mi abuelo se murió un poco antes de que _____ (enfermarse) mi abuelita.

Ejercicio 6.4. Responda las siguientes preguntas usando subordinadas de tiempo, lugar o modo.
1. ¿Cuándo vendrás a visitarme?
2. ¿Cómo instalaste la impresora tú mismo?
3. ¿Por dónde estuvieron caminando anoche?
4. ¿Cuándo aprendiste a hablar español?
5. ¿Hacia dónde iría José cuando lo vi anoche?
6. ¿De dónde habrá venido?
7. ¿Cuándo aprobará el jefe mi solicitud?
8. ¿Cuándo se acostó Norma?
9. ¿Cómo hará el problema?
10. ¿Qué hacían Luis y Jorge? (contraste)

4. Subordinadas finales

Las subordinadas finales indican el propósito o finalidad de la acción principal. Los nexos más comunes para la subordinación final son: *a (que), para (que), a fin de (que), con el objeto de (que), con el fin de (que), con la intención de (que), con vistas a (que), con el propósito de (que)*, etc.

(1)a. Ven [**a que** te arregle la corbata].
   b. Llámame [**para que** hagamos algo esta tarde].
   c. Le pedí hora [**a fin de que** me examinara los pulmones].
   d. Vuelve a escribirlo [**con el objeto de que** lo mejores].
   e. Fue a España [**con el fin de** ver a sus padres].
   f. Jugó a la lotería [**con la intención de** ganar].
   g. Dijo eso [**con vistas a que** los otros reaccionaran].
   h. Te lo traje [**con el propósito de que** me lo revises].

Como se puede apreciar en los ejemplos anteriores, estos nexos nunca van seguidos de indicativo.[11] Aparecen con subjuntivo o con infinitivo. Se usa el infinitivo cuando el sujeto de la principal coincide con el de la subordinada; en los otros casos se usa el subjuntivo.

Hay tres nexos más que también expresan finalidad pero que separamos de los anteriores porque estos no pueden aparecer con infinitivo. Estos son *de modo que*, *de manera que* y *de forma que*:[12]

(2)a. Llámame [**de modo que** podamos salir esta tarde].
   b. Fui a su casa [**de manera que** pudiéramos resolver los problemas juntos].
   c. Le escribí [**de forma que** supiera que la iba a ir a visitar].

Porque también puede expresar finalidad, aunque esta construcción es más bien literaria. En este caso la subordinada debe aparecer en subjuntivo:

---

11 Hay un uso de *para que* con subjuntivo que no es el de una construcción final:
(i) [**Para que** José haya sacado una buena nota], tiene que haber estudiado mucho.
La construcción entre corchetes no expresa finalidad. (i) es equivalente a (ii):
(ii) Si José sacó una buena nota, es porque estudió mucho.

12 Usados con indicativo y precedidos de una pausa, estos nexos expresan coordinación explicativa (véase el capítulo III). Compárense:
(i)a. La llamé de modo que pudiéramos salir juntos.
   b. La llamé; de modo que pudimos salir juntos.
Esta diferencia equivale a la diferencia entre *so* y *so (that)* en inglés:
(ii)a. I called her so (that) we could go out. (sub. final)
   b. I called her; so we could go out. (coord. explicativa)
Con indicativo y sin pausa expresan subordinación consecutiva:
(iii) La llamé de (tal) modo que se preocupó.
(iii) equivale a (iv)
(iv) I called in such a way that she got worried.

(sub. consecutiva)

(3)a. Entró caminando en la punta de los pies [**porque** no se despertara su mujer].

b. No fue a la asamblea [**porque** no creyeran que apoyaba a los empresarios].

Que también puede expresar finalidad y va seguido de un subjuntivo. Esta construcción se encuentra normalmente después de un imperativo:

(4)a. Ven [**que** te arregle la corbata].

b. Escóndete [**que** no te vea tu ex-novia].

No (ir a) ser que es otra construcción que expresa finalidad y que puede aparecer yuxtapuesta a otra oración. Es equivalente a una final negativa como *para (que) no*:

(5)a. Escóndete, [**no sea que/no vaya a ser que** te vea tu ex- novia].

b. Se escondió, [**no fuera que/no fuera a ser que** lo viera su ex-novia].

Es posible tener una conjunción de oraciones finales. En este caso la segunda construcción final también aparece en subjuntivo:

(6)a. Escóndete, [**no sea que** te vea tu novia y descubra que ahora andas con su hermana].

b. Se encondió, [**no fuera (a ser) que** lo viera su novia y descubriera que andaba con su hermana].

Los verbos *no creer*, *no pensar* y *no decir* también sirven para expresar finalidad cuando aparecen yuxtapuestos en subjuntivo:

(7)a. Cállate, [**no crean que** eres un insolente].

b. No dijo nada en la asamblea, [**no pensaran que** era amigo de los dirigentes].

c. Péinate, [**no digan que** eres un desarreglado].

Ejercicio 6.5. Complete las siguientes oraciones con la forma necesaria del verbo.

1. Mi madre fue al colegio de mi hermanito a que _____ (la profesora, decirle) qué problemas tenía.

2. Te prometo que no hice eso con la intención de _____ (yo, hacer) trampa.

3. ¡Llámala, no _____ (ir) a ser _____ (ella, enojarse) y _____ (dejar) de quererte.
4. Llevó el abrigo, no _____ (ser) que _____ (hacer) frío y _____ (resfriarse).
5. Conducía muy lento a fin de que no lo _____ (detener) la policía.
6. Crisanta fue al baño a fin de _____ (peinarse) antes de la cena.
7. Compró algunas acciones del gobierno con el objeto de _____ (pagar) menos impuestos.
8. Fui a España con el propósito de que mis padres _____ (conocer) a mi novia.
9. Escribió la composición a máquina para que el profesor _____ (poder) entender lo que escribía.
10. Se sentía mal y fue al doctor, no _____ (ir) a ser que _____ (tener) alguna infección a los oídos y después se le _____ (complicar).

Ejercicio 6.6. Complete las oraciones siguientes lógicamente.
1. Mi abuelito se compró un yate con vistas a que . . .
2. Tómate ese remedio, no . . .
3. Fue a la pastelería con el propósito de . . .
4. Ve a que . . .
5. Se lo dijo lentamente de modo que . . .
6. Pasarán un nuevo decreto a fin de que . . .
7. El presidente convocó a la prensa con la intención de . . .
8. Hizo sus reservas de avión hace un mes, no . . .
9. Se puso las gafas de sol de forma que . . .
10. Lee esto con cuidado para que . . .

Ejercicio 6.7. Responda las siguientes preguntas.
1. ¿Con qué fin le enviaste el dinero?
2. ¿Con qué intención te quedaste en Ecuador un mes más de lo planeado?
3. ¿Con qué propósito fue Tomás a Sudamérica?
4. ¿Por qué se fue a casa temprano?
5. Para qué te cortaste el pelo?
6. ¿A qué vas a la modista?
7. ¿Con qué objeto hace el profesor leer tanto a sus estudiantes?

5. Subordinadas consecutivas

Las subordinadas consecutivas expresan una consecuencia que se deduce de la intensidad con que se manifiesta una cualidad, circunstancia o acción. Los nexos consecutivos más comunes son: *de (tal) forma que*, *de (tal) manera que*, *de (tal) modo que*, *de (tal) suerte que*,[13] *en grado tal*, *hasta el punto de que*, etc.:

(1)a. Habla [**de (tal) forma que** asusta a todos].
   b. Lo miró [**de (tal) manera que** lo asustó].
   c. Trabajó [**de (tal) modo que** acabó todo lo que tenía que hacer].
   d. Se sentaba [**de tal suerte que** su espalda estaba recta].
   e. Hablaba [**en grado tal** que nadie quería escucharlo].
   f. Comió [**hasta el punto de que** casi se reventó].

En todos los casos anteriores se puede usar simplemente *que* y mantener el significado consecutivo. Este es el *que* consecutivo:

(2)a. Habla [**que** asusta a todos].
   b. Lo miró [**que** lo asustó].
   c. Trabajó [**que** acabó todo lo que tenía que hacer].
   d. Se sentaba [**que** su espalda estaba recta].
   e. Hablaba [**que** nadie quería escucharlo].
   f. Comió [**que** casi se reventó].

Hay ciertas estructuras correlativas que también expresan consecuencia:

(A) tan + ADJ/ADV + que
   (3)a. Estaba **tan** cansado [**que** me acosté apenas llegué a casa].
     b. Escribe **tan** bien [**que** se ha ganado varios premios].
(B) tal(es) + N + que
   (4)a. Tiene **tal** personalidad [**que** a todo el mundo le cae bien].[14]
     b. Anda con **tales** amigos [**que** me tiene muy preocupado].
(C) tanto + que
   (5) Comí **tanto** [**que** me duele el estómago].

---

13 Si *de forma que*, *de manera que*, *de modo que*, *de (tal) suerte que* van seguidos de subjuntivo, la subordinada es una subordinada final. Véase la sección 4.

14 Esta construcción se puede expresar como en (i):
(i) Tiene una personalidad tal [que a todo el mundo le cae bien].

(D) tanto(a)(s) + N + que
　　(6) Cometió **tantos** errores [**que** el profesor le puso un cero].

Al negar las construcciones anteriores se niega que hubiera experiencia, por lo cual el verbo subordinado debe aparecer en el subjuntivo:

　　(7)a. No estaba tan cansado [que se acostara apenas llegó a casa].[15]
　　　b. No escribe tan bien [que se haya ganado un premio].
　　　c. No se sentaba [de tal suerte que su espalda estuviera recta].
　　　d. No hablaba [que asustara a nadie].

Ejercicio 6.8. Complete las siguientes oraciones lógicamente con subordinadas consecutivas.
　1. Alfonso es tan guapo que . . .
　2. Su inteligencia era tal que . . .
　3. No estará tan cansado que . . .
　4. Roncaba de tal forma que . . .
　5. Roberto se quejaba en grado tal que . . .
　6. Carlota ha sacado tantas malas notas que . . .
　7. Ronaldo gritó tanto que . . .
　8. ¡Vamos! Este ejercicio no es tan difícil que . . .
　9. Se mojó que . . .
　10. No soy tan tonto que . . .

Ejercicio 6.9. Identifique las subordinadas adverbiales en los siguientes ejemplos. Luego clasifíquelas.
　1. No sé hasta donde tenemos que leer.
　2. Al salir de la casa, se dio cuenta de que había dejado las llaves adentro.
　3. He leído tanto que me duelen los ojos.
　4. Entra que te tomes un helado conmigo.
　5. Pagadas las cuentas, se fue de vacaciones.
　6. No bien había salido a la calle cuando empezó a llover.
　7. Lo llamó de modo que pudieran salir juntos.
　8. Lo llamó, de modo que pudieron salir juntos.
　9. Gritó que lo oyeron todos lo vecinos.

---

15 Estas construcciones también pueden expresarse con *como para que*:
　(i)a. No estaba tan cansado [(como para) que se acostara apenas llegó a casa].
　　b. No comió tanto [(como para) que le doliera el estómago].

10. Acuéstate, no vaya a ser que regresen tus padres y te encuentren despierto.
11. Tiene una suerte tal que se ha ganado la lotería tres veces.
12. Hice tanto ejercicio que me duele todo el cuerpo.
13. Dijo que no se acostaría mientras no termine la tarea.
14. Ve allí según y como te digan.
15. José rompe un plato cada vez que se mete en la cocina.

Ejercicio 6.10. Explique la diferencia, donde la haya, entre los siguientes grupos de oraciones.

(1)a. Comió de modo que se enfermó.
   b. Comió de modo que se enfermara.
(2)a. Marta es rubia mientras que su hermana es morena.
   b. Marta escribía una carta mientras su hermana leía una novela.
(3)a. No me acostaré hasta que me llames.
   b. No me acostaré hasta que no me llames.
(4)a. La besó de modo que se enfadó.
   b. La besó, de modo que se enfadó.
(5)a. Le dije donde había puesto el dinero.
   b. Le dije dónde había puesto el dinero.
   c. Le dije que dónde había puesto el dinero.
(6)a. Hazlo como te dicen.
   b. Hazlo como te digan.
(7)a. Gritó que lo oyeron todos los vecinos.
   b. Gritó que lo oyeran todos los vecinos.

Ejercicio 6.11. Complete las oraciones siguientes con la forma correcta del verbo indicado. Luego identifique el tipo de subordinada.

1. Por aquí es por donde _____ (pasar) Simón Bolívar cuando _____ (ir) camino a Colombia.
2. Se cortó las uñas tal como (nosotros) le _____ (decir) que lo _____ (hacer).
3. Previo a que _____ (comenzar) la película, quisiera decir unas pocas palabras sobre el director.
4. Cada vez que _____ (dormir) siesta, me cuesta trabajo dormir por la noche.
5. No mientas en los formularios, no _____ (ir) a ser que te _____ (revisar) y _____ (descubrir) que has mentido.
6. Iré a tu oficina a que me _____ (ayudar) a traducir este documento que me llegó de Alemania.

7. Marta estaba tan aburrida que _____ (bostezar) durante toda la conferencia.

8. Acércate que (yo) _____ (ver) lo que tienes en la cara.

9. Una vez que (tú) _____ (salir) de la autopista, dobla a la izquierda y sigue hasta que _____ (ver) un semáforo.

10. Fue a hablar con el profesor con la intención de que este le _____ (decir) por qué había reprobado el examen.

6. Subordinadas condicionales

Con la subordinación condicional expresamos las condiciones bajo las cuales se cumple la oración principal. A la subordinada condicional se le conoce como «prótasis» y a la principal como «apódosis»:

(1) [Si estudias mucho], sacarás una buena nota.

    ↑   ↑

   prótasis   apódosis

La apódosis puede preceder a la prótasis. En este caso no se utiliza la coma:

(2) Sacarás una buena nota [si estudias mucho].

Distinguiremos dos tipos de condicionales: las contrafactuales y las factuales.

6.1. Subordinadas condicionales contrafactuales. Las condiciones contrafactuales pueden ser de futuro (1a), de presente (1b) o de pasado (1c).

(1) CONDICIONALES CONTRAFACTUALES
   a. [Si tengo dinero], iré a España el próximo verano.
   b. [Si tuviera dinero], iría a España ahora mismo.
   c. [Si hubiera tenido dinero], habría ido a España el verano pasado.

Se observa el caracter contrafactual de (1b) y (1c): en (1b) se implica que no tengo dinero en este momento; en (1c) se implica que no tuve dinero el verano pasado. El futuro es contrafactual por naturaleza.

Se observan las siguientes secuencias de tiempo en (1):

(2)   PROTASIS   APODOSIS
  a. futuro   presente IND futuro IND
  b. presente contrafactual imperf. SUBJ condic. IND
  c. pasado contrafactual   plusc. SUBJ   condic. perf. IND

Sin embargo, estas secuencias no son rígidas y se pueden mezclar los tiempos de la prótasis y la apódosis:

(3) Si hubiera leído toda la lección anoche, hoy entendería lo que está diciendo el profesor.

En (3) tenemos una condición contrafactual en el pasado (no leí la lección anoche) con un resultado en el presente, también contrafactual (no entiendo lo que dice el profesor).

Se puede usar la secuencia de presente contrafactual para expresar un futuro poco probable o problemático:

(4) Si tuviera dinero este verano, iría a España.

En (4) señalo que no sé si tendré dinero o no, pero a la vez afirmo que es poco probable que lo tenga.[16]

6.2. Subordinadas condicionales factuales. En la sección anterior discutimos las condicionales contrafactuales, en las cuales no hay experiencia ni con el evento de la condicional ni con el de la subordinada. En las condicionales factuales hay experiencia y podemos encontrarlas en presente (1a) o pasado (1b):

(1) CONDICIONALES FACTUALES
  a. [Si Roberto tiene dinero], va a España.
  b. [Si Roberto tuvo/ha tenido dinero], fue/ha ido a España.
  c. [Si Roberto tenía dinero], iba a España.

---

16 Hay mucha variedad entre los hablantes con estas cláusulas, donde a veces se intercambian o se repiten los tiempos de la prótasis y la apódosis:
  (i)a. Si tuviera dinero, fuera a España.
    b. Si tendría dinero, iría a España.
    c. Si hubiera tenido dinero, hubiera ido a España.
    d. Si habría tenido dinero, habría ido a España.

Obsérvese que en las condicionales factuales de (1) se usa sólo el indicativo. En (1b) no sabemos si Roberto tuvo dinero o no, pero si es verdad que lo tuvo, entonces fue a España. Esto lo sabemos por la experiencia que hemos tenido con este hecho. Lo mismo ocurre con (1a); no sabemos si ahora tiene dinero o no, pero si acaso tiene dinero, es seguro que va a España. Esto lo sabemos porque este hecho ocurre cada vez que tiene dinero. La construcción (1c) expresa repetición en el pasado y es equivalente a una construcción con *cuando*.

Al igual que con las condicionales contrafactuales, las factuales pueden intercambiar los tiempos:

(2) [Si Roberto acabó la tarea], está en la playa ahora.

En (2) no sabemos si acabó la tarea, pero si es verdad que la acabó, entonces ahora está en la playa. Esto lo sabemos por la experiencia que tenemos con este hecho. Si sabemos que no ha acabado la tarea todavía, entonces usamos una condicional contrafactual, como en (3):

(3) [Si Roberto hubiera acabado la tarea], estaría en la playa ahora.

Es curioso el hecho de que el verbo auxiliar *llegar a* usado en presente de indicativo como en (4a) sirve también para expresar un pasado contrafactual, como en (4b):

(4)a. Si lo llego a ver, le doy un palo.
   b. Si lo hubiera visto, le habría dado un palo.

Ejercicio 6.12. Complete las oraciones siguientes con el tiempo adecuado.
 1. Roberto no vio esa película, pero si la ＿＿＿＿＿＿＿＿ (ver), le ＿＿＿＿＿＿＿＿ (gustar).
 2. No sé si Roberto ha visto esa película o no, pero si la ＿＿＿＿＿＿＿＿ (ver), le ＿＿＿＿＿＿＿＿ gustado. Es el tipo de película que a él le gusta.
 3. Lo siento, no tengo máquina de escribir, pero si ＿＿＿＿＿＿＿＿ (tener) una, te la ＿＿＿＿＿＿＿＿ (prestar).
 4. No sé si Marta tiene máquina de escribir, pero si ＿＿＿＿＿＿＿＿ (tener) una, seguro que te la ＿＿＿＿＿＿＿＿ (prestar). ¿Por qué no la llamas y le preguntas?
 5. Si yo ＿＿＿＿＿＿＿＿ (ser) tú, ＿＿＿＿＿＿＿＿ (ir) a ver un médico.

6. Si (nosotros) _____ (leer) las explicaciones de gramática anoche, ahora no _____ (tener) problemas con estos ejercicios.

7. Todavía no sé si me case, pero si _____ (casarse), mi mujer _____ (tener) que mantenerme porque los poetas apenas ganamos para pan.

8. Sigo soltero, pero si _____ (casarse), ya _____ (tener) muchos hijos.

9. Ten cuidado. Si (tú) _____ (jugar) con fuego, te _____ (poder) quemar.

10. Hay muy pocas posibilidades de que vea a María, pero si la _____ (ver), le _____ (decir) que quieres hablar con ella.

6.3. Otros nexos que expresan condición. Aparte de *si*, hay otros nexos que expresan condición. Algunos de ellos son: *como, siempre que, siempre y cuando, en (el) caso de que, en el supuesto de que, en la suposición de que, en la hipótesis de que, dado (caso) que, a condición de que, con la condición de que, con tal de que, con que, a cambio de que, mientras*, etc.

    (1)a. [**Como** la vea], le diré que necesitas hablar con ella.
       b. Saldré esta noche [**siempre que** me den permiso mis padres].
       c. Saldré [**siempre y cuando** tenga tiempo].
       d. [**En (el) caso de que** venga María], ¿le podrías entregar este paquete?
       e. Lo hizo [**a condición de que/con la condición de que** le ayudaran].
       f. Iré a visitarte [**sólo con que** me hagas un pastel de fresas].
       g. Te prestaré dinero [**con tal de que/con que** me lo devuelvas].
       h. Te enseñaré ruso [**a cambio de que** me enseñes chino].
       i. [**Mientras** no te tomes el remedio], no te mejorarás.

Obsérvese que en las subordinadas condicionales de (1) se usa exclusivamente el subjuntivo.

6.4. Otras construcciones que expresan condición. Hay otras construcciones que también sirven para expresar condición:

(A) gerundio

    (1)a. [**Hablando** de esa manera], harás que me enoje contigo.
       b. [**No haciendo** nunca la tarea], sacarás una mala nota.

(B) de + infinitivo

    (2)a. [**De venir** María], haremos una paella para la cena.

       b. [**De tener** razón el profesor], tendría que revisar mi trabajo].

       c. [**De haber visto** a José], lo habría invitado a cenar con nosotros.

       d. [**De tener** dinero], va/iba a España.

Obsérvense los dos tipos de condicional en (2), el condicional contrafactual en (2a-c) y el factual en (2d).

(C) participio en apositiva

    (3)a. Carlos, [**tratado** con bondad], es un ángel.

       b. Esa casa, [**pintada** de azul], se vería muy bonita.

(D) con + FN

    (4)a. [**Con todo ese dinero**], yo me iría a la China.

       b. [**Con unos padres así**], yo también estaría muy orgulloso.

(E) exhortativa[17] + y/o

    (5)a. **Haz la tarea y** saldrás.

       b. **Gritas y** te pego.

Una exhortativa con *o* se interpreta como una condición negativa:

    (6)a. **Haces la tarea o** no sales.

       b. **Si no** haces la tarea, no sales.

(F) desiderativa[18] + y

    (7)a. **Que no terminen la tarea** y no saldrán.

       b. **Que tuviera 10 años menos** y saldría todas las noches.

Ejercicio 6.13. Exprese las construcciones siguientes de otra forma.

1. Corriendo así, te cansarás mucho.

---

17 Véase el capítulo I.

18 Véase el capítulo I.

2. Que tuviera más tiempo y viajaría más.
3. Molestas a tu hermanita y te castigo.
4. ¡O te callas o te acuestas!
5. De haber entrado ladrones a la casa, se habrían llevado la vajilla de plata.
6. Ese trabajo, impreso con un láser, se vería muy bonito.
7. Con ese comportamiento, jamás encontrará novia.
8. No preguntando, nunca encontrarás la dirección.
9. Que me compren un televisor y los perdono.
10. De tener azafrán en casa, te convido un poco.

Ejercicio 6.14. Complete lógicamente las construcciones siguientes:
1. Te invitaré a la fiesta a condición de que . . .
2. Le prestó el coche a cambio de que . . .
3. ¡No te pararás de la mesa mientras . . .
4. ¡Lleva paraguas en caso de que . . .
5. Josefa se pondrá muy contenta sólo con que . . .
6. Lleva un sandwich al paseo dado el caso que . . .
7. Cantaré en el show con tal de que . . .
8. Te visitaré siempre que . . .
9. Le comprará una rosa siempre y cuando . . .
10. En el supuesto de que . . ., . . .

Ejercicio 6.15. Explique la diferencia entre los siguientes pares de oraciones.
Luego exprés[e]las con una construcción equivalente:
(1)a. Saldré siempre y cuando tenga tiempo.
   b. Salía siempre y cuando tenía tiempo.
(2)a. De llegar Juan, iremos a la playa.
   b. De haber llegado Juan, iremos a la playa.
(3)a. Le dices el secreto y te mato.
   b. Me dices el secreto o te mato.
(4)a. Si leyó la lección, sabe la respuesta.
   b. Si hubiera leído la lección, sabría la respuesta.
(5)a. Si hubiera leído la lección, habría sabido la respuesta.
   b. Si hubiera leído la lección, sabría la respuesta.
(6)a. Se lo diré siempre que la vea.
   b. Se lo decía siempre que la veía.
   c. Se lo diría siempre que la viera.
(7)a. Será suyo ese coche con que trabaje todos los días.
   b. Será suyo ese coche con que trabaja todos los días.

LA SUBORDINACION ADVERBIAL

6.5. Condicionales que expresan comparación. Los nexos *como si*, *igual que si*, *lo mismo que si* y *cual si* van seguidos de subjuntivo cuando indican comparación:

(1)a. Se viste [**como si** fuera millonario].
   b. Habla [**igual que si** lo supiera todo].
   c. Me habló [**lo mismo que si** no hubiera pasado nada].
   d. La trata [**cual si** fuera una flor].

Como se puede observar en (1), con estas construcciones se puede usar o el imperfecto o el pluscuamperfecto de subjuntivo. Se usa el imperfecto de subjuntivo cuando nos referimos a hechos presentes o futuros; el pluscuamperfecto, cuando nos referimos a hechos en el pasado.

6.6. Condicionales excluyentes. Las condicionales excluyentes implican que la acción de la oración principal se efectuará si no se cumple la condicional. Así, (1a) y (1b) son equivalentes:

(1)a. Iré al cine, [**salvo si** llueve].
   b. Iré al cine [**si no** llueve].

Otros nexos condicionales excluyentes son *salvo si*, *excepto si*, *no. . . más que si*, *a menos que*, *a no ser que*:

(2)a. Saldría con José, [**excepto si** tuviera algo que hacer].
   b. **No** iría a Sudamérica [**más que si** me pagaran el viaje].
   c. Habría ido al cine, [**salvo si** hubiera llovido].
   d. No iré a la playa este verano, [**a menos que** ahorre dinero].
   e. Trabajaría en esa compañía, [**a no ser que** me dieran trabajo en el hospital].

Obsérvese en los ejemplos anteriores que los tiempos en la subordinada son los mismos tiempos que aparecen en las subordinadas condicionales contrafactuales.[19]

---

19 Si la oración principal es negativa, la subordinada puede aparecer con un *no* expletivo:
   (i)a. Nunca iba a las fiestas [a no ser que (no) la invitaran].
     b. No vengas [a menos que (no) acabes].

Ejercicio 6.16. Complete las oraciones siguientes lógicamente:
1. Se comprará un computador, a menos que . . .
2. Me trató como si . . .
3. No me compraría un coche yugoslavo más que si . . .
4. Cantó lo mismo que si . . .
5. No aprobarás el curso, excepto si . . .
6. Estudiaré en Chile el próximo año, salvo si . . .
7. Iremos a acampar este fin de semana, a no ser que . . .
8. Nos hablaba igual que si . . .
9. Bailaba ballet cual si . . .
10. No me casaré con él más que si . . .

Ejercicio 6.17. Complete las oraciones siguientes con el tiempo necesario del verbo indicado.
1. Andaba por lo pasillos como si no _____ (dormir) en cinco días.
2. Le daba órdenes igual que si ella _____ (ser) su criada.
3. Iré a escalar este fin de semana a menos que _____ (llover).
4. Baila como si _____ (ser) bailarín profesional.
5. Tengo la cabeza lo mismo que si la _____ (tener) llena de alfileres.
6. No haría ese curso más que si me _____ (obligar) a hacerlo.
7. Juan habría estudiado en Stanford excepto si lo _____ (admitir) en Harvard.
8. No salgas a jugar más que si _____ (acabar) la tarea.
9. Lloraba igual que si _____ (morirse) su madre.
10. Escribe cual si _____ (ser) zurdo.

Ejercicio 6.18. Complete las construcciones siguientes lógicamente. Luego expréselas con una construcción equivalente.
1. Habría salido a correr si . . .
2. Si José estuvo en casa, . . .
3. Como . . ., me enojaré contigo.
4. Te haré una deliciosa tortilla española a cambio de que . . .
5. De haber hecho la tarea, . . .
6. Te pones una bufanda o . . .
7. Que no me cansara tanto al caminar y . . .
8. Habla como si . . .
9. Tocó la guitarra cual si . . .
10. No vendré a la reunión a menos que . . .

11. No saldría con Rosalía más que si . . .
12. No estudia a no ser que . . .
13. Te prestaré el dinero siempre que . . .
14. Con un profesor así, . . .
15. Iría contigo salvo si . . .

Ejercicio 6.19. Complete las oraciones siguientes lógicamente. Luego expréselas con una construcción equivalente. Identifique el tipo de subordinación adverbial.

1. Esa profesora enseña como si . . .
2. He estudiado tanto que . . .
3. Apenas habíamos acabado de cenar cuando . . .
4. Veía televisión mientras . . .
5. No se acostará mientras . . .
6. Bebió de tal modo que . . .
7. Te seguiré hasta donde . . .
8. Diseñó la casa conforme . . .
9. Habiendo terminado su primera novela, . . .
10. Vete ya, no vaya a ser que . . . y . . .

7. Subordinadas concesivas

Las subordinadas adverbiales concesivas expresan una dificultad para que se pueda cumplir la oración principal, pero a pesar de ella, se cumple. Algunos nexos concesivos son: *aunque*, *bien que*, *sólo que*, *a pesar de (que)*, *y eso que*, *si bien*, *así (que)*, *cuando*, *aun cuando*, *mal que*, *pese a que*, etc.

(1)a. Iré a Europa [**aunque** me cueste mucho dinero].
   b. Acabará comprándose una bicicleta, [**bien que** gaste todos sus ahorros].
   c. Tendrás que hablar con ella [**a pesar de que** te caiga mal].
   d. Sacó una buena nota, [**y eso que** no había estudiado mucho].
   e. [**Si bien** no habla muy correctamente], escribe muy bien.
   f. Aprenderé quichua, [**así (que)** me pase toda la vida estudiándolo].
   g. Me devolvió 50 dólares, [**cuando** yo le había prestado 100].
   g. [**Aun cuando** tiene casi 90 años], nada más rápido que yo.
   h. Hablaré con ella, [**mal que** dijo que no quería verme].
   i. [**Pese a que** nadie lo conocía], dio su opinión en público.

Como se observa en (1), las subordinadas concesivas pueden preceder o seguir a la oración principal.

7.1. Sobre el modo en las concesivas. Se observa en los ejemplos anteriores que se puede usar tanto el subjuntivo como el indicativo en estas construcciones.[20] *Y eso que* y *cuando* siempre van seguidos de indicativo. El uso del modo es un poco más complejo en los otros casos.

Compárese el siguiente par de oraciones:

(1)a. [Aunque Pepe estará enfermo mañana],irá al colegio.
   b. [Aunque Pepe esté enfermo mañana], irá al colegio.

En (1a), sabemos que Pedro estará enfermo (el doctor dijo que estaría enfermo 3 días) y a la vez que expresamos la concesión, informamos que Pepe estará enfermo. (1b), por otra parte es ambigua y se puede encontrar en dos contextos opuestos:

(2)a. Yo sé que Pepe estará enfermo mañana (el doctor me lo dijo), pero [aunque esté enfermo mañana], irá al colegio.
   b. Yo no sé si Pepe estará enfermo mañana, pero [aunque esté enfermo mañana], irá al colegio.

Se observa un contraste similar en los ejemplos de (3):

(3)a. [Aunque Pepe está enfermo], tiene que ir al colegio.
   b. [Aunque Pepe esté enfermo], tiene que ir al colegio.

---

20 *A pesar de* y *pese a* aparecen con un infinitivo si los sujetos son idénticos:
(i)a. Sacó una mala nota [**a pesar de/pese a** haber estudiado mucho].

En (3a) expresamos la concesión a la vez que informamos que Pepe tiene que ir al colegio. (3b) puede aparecer en dos contextos:

    (4)a. Sé que Pepe está enfermo (lo veo), pero [aunque esté enfermo], tiene que ir al colegio.

       b. No sé si Pepe está enfermo, pero [aunque esté enfermo], tiene que ir al colegio.[21]

Por otra parte, si sé que Pepe NO está enfermo, entonces la concesión sería hipotética:

    (5)   Pepe no está enfermo, pero [aunque estuviera enfermo], tendría que ir al colegio.[22]

Lo mismo se observa en casos de concesión en el pasado:

    (6)a. [Aunque Pedro estaba enfermo], hizo la tarea.

       b. [Aunque Pedro haya estado enfermo], hizo la tarea.[23]

En (6a) expresamos la concesión e informamos. (6b) puede aparecer en dos contextos:

    (7)a. Sé que Pedro estuvo enfermo, pero [aunque haya estado enfermo], igual hizo la tarea.

       b. No sé si Pedro estuvo enfermo, pero [aunque haya estado enfermo], igual hizo la tarea.

Por otro lado, si se sabe que NO estuvo enfermo, debemos usar una concesión hipotética:

---

21 Obsérvese el mismo contraste en inglés:

(i)a. I know that Pedro is sick, but [**even though/if** he is sick], he has to go to school.

   b. I dont know if Pedro is sick, but [**even if/*though** he is sick], he has to go to school.

22 Incluso en inglés se usaría el subjuntivo en este caso:

(i) Pedro is not sick, but [even if/*though he **were** sick], he would have to go to school.

23 Aquí también se puede usar el imperfecto de subjuntivo:

(i) No sé si Pedro estuvo enfermo, pero [aunque estuviera enfermo], igual hizo la tarea.

(8) Sé que Pedro NO estuvo enfermo, pero [aunque hubiera estado enfermo], igual habría hecho la tarea.

El mismo comportamiento que hemos presentado aquí para *aunque* se observa en los otros nexos concesivos, con la excepción de *y eso que* y *cuando*.

Ejercicio 6.20. Complete las oraciones siguientes con la forma adecuada del verbo según el contexto indicado.

1. No sé si Pedro tiene examen mañana, pero aunque _____ (tener) examen mañana, seguro que se irá de juerga esta noche.
2. Sé que Pedro no tiene examen mañana, pero aunque _____ (tener) examen mañana, igual se iría de juerga.
3. No sé si Josefina ha vivido en un país hispano, pero aunque no _____ (vivir) en uno, su español es demasiado perfecto como para que lo haya aprendido en clase.
4. Marta no contradijo a su padre, pero aun cuando no lo _____ (contradecir), él se habría enojado porque no le gusta que nadie cuestione lo que él dice.
5. Te prestaré el dinero mal que (yo) _____ (temer) que no me lo devolverás nunca.
6. No me habría casado con ella así que (ella) me _____ (ofrecer) toda la riqueza del mundo.
7. Si bien _____ (hacer) sol, hace un poco de frío.
8. Nunca la he visto, pero a pesar de que (yo) nunca la _____ (ver), la conozco muy bien.
9. Llegó primero en la carrera, y eso que no _____ (entrenarse) muy bien.
10. Así que (yo) _____ (memorizar) todos los verbos, creo que todavía no podría hablar bien español.

Ejercicio 6.21. Complete las oraciones siguientes lógicamente:

1. Suspendió el examen, a pesar de . . .
2. No estudiaría medicina si bien . . .
3. Ha tenido muchos accidentes mal que . . .
4. Lo declararon inocente, y eso que . . .
5. No me habría operado de los ojos aunque . . .
6. Se enfermó de tifus aun cuando . . .
7. Se enojó conmigo cuando . . .
8. Estoy segura de que no te ayudará así que . . .
9. El príncipe se fugó con la plebeya, bien que . . .

10. No se acostó temprano, pero aunque . . . , . . .
11. No sé si gana mucho dinero, pero aunque . . . , . . .
12. Sé que no gana mucho dinero, pero aunque . . . , . . .
13. Roberto gana mucho dinero, pero aunque . . . , . . .
14. Sé que Roberto no ganaba mucho dinero, pero aunque . . . , . . .
15. Roberto ganó mucho dinero, pero aunque . . . , . . .

7.2. Otras construcciones que expresan concesión. Hay otras construcciones que también se utilizan para expresar concesión:

(A) por + ADJ/ADV + que

    (1)a. [**Por mucho que** estudie], nunca recibo una buena nota.

       b. [**Por baja que** sea], tendrá que pagar un boleto completo.

Estas construcciones son equivalentes a *no importa lo*. . . y se usan con subjuntivo, como se demuestra en (1).

(B) por + mucho(a)(s) + N + que

    (2)a. [**Por mucho trabajo que** tengas], tendrás que venir a mi fiesta.

       b. [**Por pocos amigos que** tenga], siempre está de fiesta.

En este caso la concesiva también se interpreta como *no importa cuánto(a)(s)*. . .. Obsérvese el uso del subjuntivo en (2).

(C) construcciones reduplicativas[24]

    (3)a. [**Venga quien venga**], no abras la puerta.

       b. [**Me acostara a la hora que me acostara**], siempre despertaba a las 6.

Obsérvese el uso del subjuntivo en (3). Estas construcciones también son equivalentes a *no importa* . . . .

(D) aun + gerundio

    (4)a. [**Aun trabajando** toda la noche], no terminaré el proyecto.

       b. [**Aun sobornándolos**], no consiguió lo que quería.

---

24 Véase la sección 1.6.5 del capítulo V.

(E) con + inf
    (5)a. [**Con protestar**], no ganarás nada.
      b. [**Con haberse levantado tarde**], llegó a la oficina a tiempo.

(F) con + lo + ADJ + que + ser/estar
    (6)a. [**Con lo triste que está**], no puede cantar bien.
      b. [**Con lo mojada que estás**], te vas a resfriar.

Estas construcciones sólo permiten indicativo.

(G) con + artículo + (ADJ) + N + que
    (7)a. [**Con los amigos que** tiene], todavía se siente solo.
      b. [**Con el buen informe que** escribió], todavía recibió una mala nota.

Si no hay experiencia, se utiliza el subjuntivo:

    (8)a. [Con los amigos que tenga], siempre se sentirá solo.
      b. [Con el informe que escribiera], siempre recibía una mala nota.

En (7) sabemos la cantidad de amigos y la calidad del informe que escribió.
En (8) afirmamos que no importa la cantidad de amigos o la calidad del informe.

(H) gerundio, participio, adjetivo + y todo
    (9)a. [**Estudiando y todo**], apenas recibió una nota promedio.
      b. [**Mojado y todo**], entró a la casa.
      c. [**Enfermo y todo**], seguía yendo a la escuela.

(I) verbo en subjuntivo + disyunción
    (10)a. [**Estudie mucho o poco**], siempre recibo una nota promedio.
      b. [**Hayan terminado o no**], tendrán que entregarme el informe pasado
         mañana.
      c. [**Estuvieran cansados o no**], siempre se acostaban a las 9 de la noche.

Ejercicio 6.22. Complete las siguientes construcciones.
  1. Por poco que sepa, . . .
  2. Llueva o no llueva, . . .
  3. Con los libros que ha escrito, . . .

    4. Aun engañándolos, . . .

    5. Con llevarles flores, . . .

    6. Busques donde busques, . . .

    7. Por mucha paciencia que tengas, . . .

    8. Con lo cansado que estaba, . . .

    9. Por muchos enchufes que hubiera tenido en el gobierno, . . .

    10. Con la fama que tiene,. . .

Ejercicio 6.23. Complete las oraciones siguientes con la forma correcta del verbo indicado.

    1. Pagó los impuestos si bien no _____ (estar) de acuerdo con lo que el gobierno hacía con su dinero.

    2. Todavía hay peligro de una guerra nuclear, mal que ya_____ (acabarse) la guerra fría.

    3. _____ (ser) rico o pobre, tienes que pagar peaje al pasar por allí.

    4. Por rápido que (yo) _____ (leer), no alcanzaré a leer las mil páginas que tengo que leer para el lunes.

    5. Por mucho dinero que _____ (tener) ese señor, nunca estará contento con lo que tiene.

    6. Aun _____ (vivir) cinco años en Polonia, no pude aprender polaco. ¡Es una lengua endemoniada!

    7. Tatiana tiene un hijo, pero aunque no _____ (tener) un hijo, habría sido muy feliz.

    8. Nunca me comería un pastel de esos así que me lo _____ (regalar).

    9. Carmen tiene mejor ortografía que yo, aun cuando ella no _____ (escribir) tanto como yo.

    10. No te perdonaré así me _____ (pedir) perdón de rodillas.

    11. Me sorprende que no se haya resfriado con lo desabrigada que _____ (andar) anoche.

    12. Con _____ (llorar) así, no me convencerás que te deje salir.

    13. _____ lo que _____ (comer), nunca lograba adelgazar.

    14. No sé el futuro, pero aunque lo _____ (saber), creo que no me cambiaría de trabajo.

    15. No sabía que era famoso, pero aun cuando lo _____ (saber), no le habría pedido un autógrafo.

Ejercicio 6.24. Identifique las construcciones subordinadas en las siguientes oraciones. Luego expréselas de otra manera.

1. [Aun usando un computador], tardó tres días en analizar los datos.
2. [Usando un computador] acabó el trabajo en tres días.
3. [Usando un computador] podrías acabar el trabajo en tres días.
4. [Usando un computador] descubrió que podía escribir 100 palabras por minuto.
5. Ponte los zapatos, [no sea que vayas a pisar un vidrio].
6. [Caminara por donde caminara], siempre pisaba un vidrio.
7. [Con una novia así], yo también estaría muy feliz.
8. [Con la tarea terminada], se fue a acostar.
9. [Al viajar a otro país], uno tiene que acostumbrarse a otros horarios de comida.
10. [Con viajar a otro país], no lograrás encontrar novia.
11. [De viajar a otro país], creo que iría a Turquía.
12. [Censurada la película], los censuradores se fueron a su casa.
13. [Censurada y todo], pasaron la película en ese cine de vanguardia en el barrio colonial.
14. [Con lo cansado que estaba], no pude ver el debate por televisión anoche.
15. [Con lo cansado que estaba], igual terminó el proyecto.
16. [Por cansado que estés], tienes que ver el debate de esta noche.
17. Estaba tan cansado [que no pude ver el debate anoche].
18. Entra [que te entregue lo que te compré].
19. Roncaba [que parecía una locomotora].
20. [Como la hubiera visto], la habría invitado a la fiesta.
21. [Como la vea], la invitaré a la fiesta. (ambigua)

Ejercicio 6.25. Complete las oraciones siguientes con la forma adecuada del verbo indicado. Luego identifique la subordinada y expréselas de otra manera.

1. Compraré un tapiz donde _____ (ser) más barato.
2. Amobló la casa tal y como su madre le _____ (recomendar).
3. No puedo estudiar al mismo tiempo que _____ (ver) televisión.
4. Los candidatos nos prometieron muchas cosas con vistas a que _____ (votar) por ellos.
5. Ven que tu padre te _____ (abrochar) los zapatos.
6. Leí toda la bibliografía, no _____ (ir) a ser que el profesor me _____ (preguntar) algo que no había leído.
7. No bailaste tanto en la fiesta como para que _____ (estar) tan cansado ahora.

LA SUBORDINACION ADVERBIAL

8. Bebió tanto que no _____ (poder) conducir de vuelta a casa.
9. Si Marta _____ (levantarse) tarde, le duele la cabeza todo el día.
10. Le grabé el disco de Mercedes Sosa a cambio de que me _____ (traer) el último video de DiVita.
11. No probaba bocado, salvo si su padre se lo _____ (dar).
12. No estudiaría economía más que si _____ (tener) que estudiarla.
13. Te habría llamado si no lo _____ (poder) hacer yo solo.
14. A pesar de que Marta no _____ (hacer) el primer nivel de ruso, ahora está estudiando Ruso II.
15. Marta no hizo Ruso I, pero aunque lo _____ (hacer), dudo que hablaría mejor.
16. Por poco dinero que _____ (ganar) Carmen, siempre va a la ópera.
17. Si (tú) me _____ (esperar) un segundo, te puedo llevar en coche a casa.
18. Salió corriendo que nos _____ (dejar) preocupados a todos.
19. Como (tú) no _____ (terminar) la tarea cuando (yo) _____ (volver) esta noche, te voy a tirar las orejas.
20. Previo a que se _____ (discutir) esta construcción, quiero insistir en algo que ya vimos.

Ejercicio 6.26. Complete las oraciones siguientes lógicamente. Identifique el tipo de subordinación y exprésela de otra manera.
1. No conozco la universidad donde . . .
2. No se graduará hasta que . . .
3. Te mandaré una postal apenas . . .
4. Hizo una copia del disco no fuera a ser que . . .
5. Tiene tal genio que . . .
6. Habría comprado ese disco compacto si . . .
7. Te haré el plano a condición de que . . .
8. Hablaba como si . . .
9. No me iría a vivir a ese país bien que . . .
10. No habríamos ido al concierto aunque . . .
11. Redacté el documento igual que . . .
12. Se afeitaba en tanto que . . .
13. Encontró trabajo en cuanto . . .
14. No bien habíamos plantado el árbol cuando . . .
15. Fue a la municipalidad con el objeto de que . . .

16. Escríbeme de modo que . . .
17. Le escribió de (tal) modo que . . .
18. Estudió tanto que . . .
19. No tiene tanta paciencia que . . .
20. No saldrás con tus amiguitos mientras . . .
21. Habrá menos inflación en la medida en que . . .
22. Que Juan Carlos fuera soltero y . . .
23. O me prestas el coche o . . .
24. Dio la charla igual que si . . .
25. Se fue a Hawai si bien . . .
26. No lograrás convencerme por más que . . .
27. Se quedará tranquila una vez que . . .
28. La invitó a cenar con la intención de . . .
29. Contestó (de tal forma) que . . .
30. Invitó a tanta gente que . . .

8. Subordinadas causales

Las subordinadas causales expresan el motivo por el cual acontece la acción de la oración principal. Las conjunciones causales más usadas son: *porque*, *puesto que*, *ya que*, *como*, *dado que*, *pues*, *a fuerza de que*, *visto que*, *por razón de que*, etc.

(1)a. No vine a clase [**porque** estaba enferma].
   b. [**Puesto que** tiene dinero], hace lo que quiere los fines de semana.
   c. Recibió una mala nota [**ya que** no estudió lo suficiente].
   d. [**Como** no vino a la reunión], no sabe de lo que estamos hablando.
   e. [**Dado que** sabes tanto], ¿por qué no me ayudas con este trabajo de investigación?
   f. No sé cómo iba vestida, [**pues** no la vi].
   g. Logró lo que quería [**a fuerza de** insistir].
   h. [**Visto que** no llegan], ¿por qué no les dejamos una nota y nos vamos?
   i. No te dijo nada del asunto, [**por razón de que** es un secreto].

Todas las conjunciones causales se usan exclusivamente con indicativo, con la excepción de *porque*, del que trataremos en la sección 8.1.[25] Las subordinadas

---

25 En estilo literario *ya que* y *como* se pueden utilizar con subjuntivo, *como* siempre en pasado:
   (i)a. Ya que no puedas asistir a la boda, envíales por lo menos un regalo.
   b. Como viera que habían asaltado la casa, decidió avisar a la policía.

con *porque* y *pues* normalmente siguen a la oración principal mientras que las subordinadas con *como* normalmente la preceden.

Que también expresa subordinación causal:

(2)a. Entra, [**que** te quiero dar algo].[26]
   b. Cállate, [**que** se va a enojar].

8.1. *Porque*. Se mencionó en la sección anterior que *porque* puede aparecer con un verbo en subjuntivo. Considérese el ejemplo en (1), donde se ha usado indicativo en la subordinada:

(1) No te llamo [porque estoy enojado].

En esta oración se niega la oración principal y se afirma que la subordinada es la causa de la principal. La oración de (1) se interpreta como (2):

(2) La razón por la que NO te llamo es porque estoy enojado.

Compárese la oración de (1) con la de (3):

(3) No te llamé porque estuviera enojado (sino . . .)

En este caso negamos la causa y afirmamos la oración principal. La oración de (3) es equivalente a la de (4):

(4) Te llamé (pero) no porque estuviera enojado (sino . . .).

Cuando se expresa la causa, esta aparece en indicativo:

(5) No te llamé [porque estuviera enojado] sino [porque quería decirte unas palabras].

---

26 No debe confundirse este *que* con el *que* final, que discutimos en la sección 4:

   (i)a. Entra [**que** te dé un paquete].
      b. Entra [**para que** te dé un paquete].

El *que* final se puede substituir por *para que*; el *que* causal se puede substituir por *porque*:

   (ii)a. Entra [**que** te quiero dar un paquete].
      b. Entra [**porque** te quiero dar un paquete].

Veamos lo que ocurre cuando esta construcción aparece en una pregunta:

(6)a. ¿Estudiaba [porque tenía interés]?
 b. ¿Estudiaba [porque tuviera interés]?

La diferencia entre (6a) y (6b) es muy sutil. En (6a) preguntamos si la subordinada es la causa de la principal. En (6b) preguntamos lo mismo pero a la vez que preguntamos si la subordinada es la causa de la principal, lo cuestionamos o lo dudamos.

8.2. Otras construcciones que expresan causa. Hay otras construcciones que sirven para expresar causa:

(A) causas en disyunción o en distribución:
 (1)a. José, [**o porque** no tenía dinero, **o porque** no tenía tiempo], no fue
    e Europa con nosotros.
 b. Marta, [**(o) bien porque** no leyera la lección, **(o) bien porque** se
    pusiera nerviosa] , no pudo contestar bien en el examen.
 c. [**Ya/ya sea porque** está cansada, **ya/ya sea porque** está enferma],
    Luisa nunca sale conmigo cuando la invito.
 d. [**Ya/ya fuera porque** no la vio, **ya/ya fuera porque** esta-ba enojado
    con ella], Roberto no saludó a Marta.

Se observa que en estas construcciones se puede usar tanto el indicativo como el subjuntivo. No parece haber un cambio de significado de consideración.

(B) de + (lo/lo tan) + ADJ/PART + ser/estar/tener . . .
 (2)a. [**De contento que estaba**], se puso a llorar.
 b. [**De (lo/lo tan) deprimida que estaba**], no hablaba con nadie.

(C) de + (lo) tanto + (que)
 (3)a. Siempre se enferma [**de (lo) tanto que** come].
 b. Se puso ronca [**de (lo) tanto que** gritó].

En este caso *de + (lo) tanto* puede omitirse, en cuyo caso se usa el infinitivo:

(4)a. Se puso enferma [**de comer**].
 b. Se puso ronca [**de gritar**].

Ejercicio 6.27. Exprese las oraciones siguientes con una construcción equivalente:

1. De lo cansado que estaba, se acostó apenas llegó a casa.
2. No pudo dormir de tan preocupada que estaba.
3. Fuera porque comía muy rápido, fuera porque no bebía con la comida, siempre le daba hipo.
4. Visto que no quieres participar tú, invitaremos a María.
5. Sácate el sombrero, que me tapas la pantalla y no puedo ver la película.
6. Dado que ese profesor tendrá sabático el semestre que viene, tendremos que buscar un remplazante.
7. Como no se movía, pensamos que estaba muerto.
8. De estar de pie todo el día, tiene problemas de varices.
9. Ya sea porque no tiene hambre, ya sea porque tiene sueño, el bebé no quiere comer.
10. No te quiero porque tengas dinero sino porque eres muy sincero.

Ejercicio 6.28. Complete las oraciones siguientes lógicamente:

1. De tan aburrido que estaba, . . .
2. No llegó a tiempo a la reunión, sea porque . . .
3. Todo el mundo odiaba al dictador, fuera porque . . .
4. Lloró de lo . . .
5. Empezaremos a almorzar visto que . . .
6. No te mandé ninguna postal puesto que . . .
7. Recoge la ropa que está colgada en el patio que . . .
8. No me invitó porque . . . sino porque . . .
9. Como . . ., decidieron marcharse.
10. A fuerza de . . ., logró obtener el visado que necesitaba.

Ejercicio 6.29. Identifique los siguientes tipos de *que*:

1. Creo que puedo identificar cualquier tipo de *que*.
2. La chica que te llamó dijo que volvería a llamar esta tarde.
3. Acércate que te sacuda la chaqueta.
4. No vengas, que está José y está enojado contigo.
5. Tenía tanta vergüenza que estaba rojo como tomate.
6. Cuando sonó el timbre, el profesor estaba explica que explica la gramática y no nos dejaba salir.
7. ¡Que pase el siguiente!
8. ¡Que no tuviera novia. . .!
9. Está muy triste, lo que me preocupa mucho.
10. Llegará esta semana, que no la próxima.

Ejercicio 6.30. Identifique las subordinadas siguientes. Luego expréselas con una construcción equivalente.

1. Visto que nadie quiere organizar la fiesta de Navidad, la tendré que organizar yo.
2. Tuviera trabajo o no, nunca dejaba de ver su programa favorito.
3. Mis padres me tratan como si fuera un adolescente.
4. O te portas bien o no te regalamos la bicicleta para tu cumpleaños.
5. Entró por la puerta de atrás de modo que no lo viera el profesor.
6. Se puso su mejor traje, no fuera a ser que la recepción fuera formal.
7. No bien les habíamos mandado la carta, cuando recibimos un fax de ellos.
8. No iré a España mientras no aprenda español bien.
9. Como sé que vive cerca de mí y puesto que mi carro no funciona, le pedí que me recogiera mañana por la mañana.
10. Me iré donde nadie sepa mi nombre.
11. Antes de que te acuestes, debes lustrar los zapatos.
12. Se graduará este año siempre que haga cinco cursos por semestre.
13. Se compró esa casa con el fin de hacer una inversión.
14. Ten cuidado, pues en el centro asaltan a los turistas.
15. Herido y todo, ayudó a sus compañeros a salir del coche.
16. Conocida la verdad, reintegraron a Marcos al trabajo.
17. Incluso nevando llega el correo a nuestro pueblo.
18. A menos que tomes un taxi, no llegarás a tiempo.
19. Con tal de que no digas nada, puedes venir a la reunión.
20. Por mucha paciencia que tengas, ese chico te sacará de quicio.

Ejercicio 6.31. Identifique el tipo de subordinación en los siguientes refranes. Luego expréselos de otra manera.

1. Cuando el río suena, piedras trae.
2. Aunque la mona se vista de seda, mona se queda.
3. No por mucho madrugar amanece más temprano.
4. Lo que abunda no daña.
5. Tanto va el cántaro al agua que al fin se rompe.
6. Al que le caiga el guante que se lo plante.
7. Quien quita la aceituna antes de enero, deja el aceite en el madero.
8. Al que quiera celeste que le cueste.
9. Si te vi, no me acuerdo.
10. Para aprender es necesario perder.
11. Para ser bella, hay que ver estrellas.
12. A quien dices tu secreto das tu libertad y estás sujeto.
13. Dime con quien andas y te diré quien eres.

14. Por mucho saber la zorra perdió la cola.
15. Aunque el águila vuela muy alta, el halcón la mata.
16. Mientras el gordo enflaquece, el flaco perece.
17. Si el cántaro da en la piedra, mal para el cántaro, y si la piedra da con el cántaro, mal para el cántaro y no para ella.
18. Con lo que te has de honrar, poco lo has de usar.
19. Quien hace un cesto hace ciento.
20. Saber amar es mucho saber.

9. Subordinadas comparativas

Las subordinadas comparativas sirven como punto de comparación con la oración principal. Hay dos tipos de comparativas:

(a) comparativas de igualdad
(b) comparativas de desigualdad

9.1. Comparativas de igualdad. Los siguientes nexos se utilizan para expresar comparación de igualdad:

(A) tan + ADJ/ADV + como
    (1)a. Es **tan** inteligente [**como** (lo era) su padre].
       b. Corre **tan** rápidamente [**como** (corre) su hermana].

Se observa que en estos casos puede aparecer optativamente el verbo de la subordinada.

(B) tanto(a)(s) + N + como
    (2)a. Tengo **tantos** enemigos [**como** (tengo) amigos].
       b. Les tiene **tanto** amor [**como** (les tiene) paciencia].[27]

(C) tanto como
    (3)a. No tiene que viajar **tanto** [**como** (viajo) yo].
       b. No gasta **tanto** [**como** (gasto) yo].

---

27 Se puede usar *cuanto* en lugar de *como* cuando no aparece el nombre:
(i)a. Gana **tanto** dinero [**como** quiere].
    b. Ganta **tanto** φ [**cuanto** quiere].
    c. Invitó a **todos** φ [**cuantos** conocía].
Esta construcción, sin embargo, se considera literaria.

Se usa esta forma cuando se compara el adverbio *mucho*.

Se observa en los ejemplos (1) a (3) que el verbo es optativo en la subordinada. Cuando el verbo tiene el mismo tiempo que el de la oración principal, se prefiere elidir el verbo. Si los tiempos o los verbos son diferentes entonces es natural que aparezca:

(4)a. No tienes que viajar tanto [como viajaba yo].
b. No piensas tanto [como yo trabajo].

Se aprecia que con o sin verbo el nexo es *como*.

(D) tal como/tal cual
(5)a. Lo entregó [**tal cual/tal como** lo había escrito].
b. Los dibuja [**tal cual/tal** como son].

En esta construcción, el verbo es obligatorio.

En todos los casos anteriores tenemos [+EXPERIENCIA]. De no haber experiencia, se requiere subjuntivo:

(5)a. Los entregará [tal cual los haya escrito].
b. Comeré [tantos pasteles como pueda].

9.2. Comparativas de desigualdad. Los nexos de desigualdad son *más . . . que* para indicar superioridad y *menos . . . que* para indicar inferioridad. Consideremos los distintos casos:

(A) más/menos + ADJ/ADV + que + FN
(1)a. Es **más/menos** inteligente [**que** yo (*soy)].
b. Habla **más/menos** rápidamente [**que** yo (*hablo)].

Se observa que en estos casos no puede aparecer un verbo en la subordinada comparativa. De aparecer, el segundo nexo ha de ser *de lo que*:

(2)a. Es **más/menos** inteligente [**de lo que** yo soy].
b. Habla **más/menos** rápidamente [**de lo que** yo hablo].

Cuando el verbo es el mismo, como en (2), normalmente se prefiere la construcción de (1). Pero si el verbo es diferente, o aparece en otro tiempo que en el de la principal, entonces se requiere de una construcción como (3):

(3)a. Es **más/menos** inteligente [**de lo que** yo era a su edad].
   b. Escribe **más/menos** rápidamente [**de lo que** yo hablo].

Hay ciertos adjetivos que son irregulares en su forma comparativa:

(4)a. bueno   - mejor
   b. joven   - menor/más joven
   c. grande   - mayor (edad)
   d. malo   - peor
   e. pequeño   - menor (edad)
   f. viejo   - mayor/más viejo

(B) más/menos + N + que + FN
   (5) Tiene **más/menos** libros [**que** yo (*tengo)].

Nuevamente, vemos que si el nexo es *que* no puede aparecer un verbo en la subordinada. Si aparece un verbo se requiere de *de + artículo + que*:

   (6) Tiene **más/menos** libros [**de los que** yo tengo/tenía].

Cuando en la subordinada aparece un verbo mental como *pensar*, *creer*, *esperar*, etc., se puede usar o el artículo concordante o el artículo neutro *lo* como nexo:

(7)a. Tiene **más/menos** libros [**de los que/de lo que** pensaba].
   b. Vinieron **más** profesores [**de los que/de lo que** esperábamos].
   c. Hay **más** cerveza [**de la que/de lo que** creíamos].

En ambos casos se compara una cantidad, pero al usar el artículo neutro se ve el objeto comparado como un grupo o como una unidad y no como entidades diferentes. El artículo neutro es posible con construcciones donde la oración principal está implícita en el verbo subordinado:

(8)a. Tiene **más** trabajo [**del que/de lo que** que dice (que tiene)].
   b. Cayó **más** nieve [**de la que/de lo que** anunciaron (que caería)].
   c. Vieron más libros [**de los que/*de lo que** acabaron comprando].

En los ejemplos anteriormente discutidos hay [+ EXPERIENCIA]. Si hay [– EXPERIENCIA] se usa el subjuntivo. Compárense los ejemplos de (9):

(9) Tendrás más problemas [de los que piensas/pienses].

Al usar el indicativo hay [+EXPERIENCIA], hablamos de los problemas que ahora piensas que tendrás. Al usar el subjuntivo no hay experiencia y hablamos de los problemas que pensarás en el futuro.

9.3. Sobre el superlativo enfático. Considérense ahora los ejemplos de (1):

(1)a. Es la mejor novela [que he leído].
   b. Es la mejor novela [que haya leído].

Al tratar las cláusulas de relativo en el capítulo V (§1.6.4) discutimos estas construcciones de superlativo enfático. Si se quiere enfatizar el superlativo se usa el subjuntivo en la subordinada. La diferencia entre (1a) y (1b) es, por lo tanto, una diferencia de énfasis.

Ejercicio 6.32. Complete las oraciones siguientes con el nexo adecuado. Exprese todas las opciones.
1. Luisita, que ya tiene 5 años, es tan alta _____ era su hermana hace un par de años.
2. Ese televisor cuesta mucho más _____ pensábamos.
3. Es menos inteligente _____ parece.
4. A Marta no le gusta viajar tanto _____ a mí.
5. Cuando empezó el temblor, salió a la calle _____ estaba en el baño.
6. Este año no ha hecho tanto frío _____ hizo el año pasado.
7. Este otoño ha hecho menos frío _____ predecían.
8. Mi tío es mucho mayor _____ parece.
9. Compramos más azúcar _____ necesitábamos.
10. Escribe tan claramente _____ escribe su padre.

Ejercicio 6.33. Identifique las oraciones subordinadas en los siguientes ejemplos. Luego exprésela de otra manera.
1. Lo escribiera quien lo escribiera, este trabajo está muy mal redactado.
2. No dejará de haber revoluciones en el mundo hasta que no deje de haber hambre.
3. No bien salió de la cárcel, volvió a su vida de maleante.
4. Era tal su fama que a donde fuera lo reconocían.
5. Por mucho que chilles no te voy a comprar helado, así que cállate.

6. A pesar de que nevó muy fuerte, las calles estaban despejadas cuando salí esta mañana.
7. Si hubiera ido contigo, me habría divertido más.
8. Para que se enojara con su novio, María tenía que estar hasta las narices.
9. Era capaz de saltar de un décimo piso con tal de estar a su lado.
10. Salvo que Marta nos diga lo contrario, llegaremos a eso de las siete a cenar.
11. No volveré a tu casa nunca más, excepto si me pides perdón.
12. Les pondré un fax esta tarde, no sea que nos estén esperando.
13. Dijera yo lo que dijera, Tomás siempre me llevaba la contraria.
14. Bajaré la música de modo que puedas estudiar.
15. Entra despacio, que no se vaya a despertar Pablito, que está durmiendo.
16. Apenas hayas comprado las entradas, avísanos, no vaya a ser que nosotros también las compremos.
17. Nunca estudió tanto que dejara de divertirse.
18. Rosalía gasta más de lo que gana.
19. Cerrarán la playa en caso de que esté malo el mar.
20. Hazlo como quieras. Lo pintes como lo pintes te quedará bonito.
21. Casi se desmayó al enterarse de que su mujer había tenido quintillizos.
22. Como te vea fumando el profesor, te va a suspender.
23. Deja la luz encendida, no crean que no hay nadie en casa.
24. Habló de manera que todos le creyeron.
25. No he venido a que me cuentes todos los chismes que sabes.

Ejercicio 6.34. Identifique los tipos de subordinación y coordinación en los siguientes refranes.
1. Aunque voy y vengo, no se me olvida lo que tengo.
2. Tan necio es preguntar sabiendo como responder ignorando.
3. Apenas amanece, la rosa florece, mas luego perece.
4. Ni temas mal incierto, ni confíes en bien cierto.
5. Con que le guste a Casta, basta.
6. Para que el vino sepa a vino, se ha de beber con un amigo.
7. Quien da pan a perro ajeno, pierde el pan y pierde el perro.
8. Que convenga, que no convenga, Dios quiere que todos tengan.
9. Si escuchas al agujero, oirás de tu mal y del ajeno.
10. Después de beber, cada uno dice su parecer.
11. Por mucho que el engaño se encubre, él mismo se descubre.
12. Lo mismo se muere el Papa que el que no tiene capa.
13. Peor es engañar mintiendo que ser engañado creyendo.
14. Porque un borrico te dé una coz, ¿vas tú a darle dos?
15. Piensa mal y acertarás.

16. Cuanto más poseo, más deseo.
17. No es pobre el que poco tiene, sino el que mucho quiere.
18. Donde manda capitán, no manda marinero.
19. Hasta que pruebes, no alabes ni repruebes.
20. Haz bien a la gata y te saltará a la cara.

Ejercicio 6.35. Identifique todas las subordinadas y coordinadas en el siguiente texto.

Entonces lo supo. Nena Daconte había muerto desangrada a las 7.10 de la noche del jueves 9 de enero, después de setenta horas de inútiles esfuerzos de los especialistas. Hasta el último instante había estado lúcida y serena, y dio instrucciones para que buscaran a su marido en el hotel Plaza Athenée, donde tenían una habitación reservada, y dio los datos para que se pusieran en contacto con sus padres. La empleada había sido informada el viernes por un cable urgente de su cancillería, cuando ya los padres de Nena Daconte volaban hacia París. El embajador en persona se encargó de los trámites del embalsamiento y los funerales, y permaneció en contacto con la Prefectura de Policía de París para localizar a Billy Sánchez. Un llamado urgente con sus datos personales fue transmitido desde la noche del viernes hasta la tarde del domingo a través de la radio y la televisión, y durante esas cuarenta horas fue el hombre más buscado en Francia. Su retrato, encontrado en el bolso de Nena Daconte, estaba expuesto por todas partes. Tres Bentley convertibles del mismo modelo habían sido localizados, pero ninguno era el suyo.

Gabriel García Márquez, *Doce cuentos peregrinos*

Ejercicio 6.36. Identifique todas las subordinadas y coordinadas en el siguiente texto.

A Billy Sánchez no le habría alcanzado la vida para descifrar los enigmas de ese mundo fundado en el talento de la cicatería. Nunca entendió el misterio de la luz de la escalera que se apagaba antes de que él llegara a su piso, ni descubrió la manera de volver a encenderla. Necesitó media mañana para aprender que en el rellano de cada piso había un cuartito con un excusado de cadena, y ya había decidido usarlo en tinieblas cuando descubrió por casualidad que la luz se encendía al pasar el cerrojo por dentro, para que nadie la dejara encendida por olvido. La ducha, que estaba en el extremo del corredor y que él se empeñaba en usar dos veces al día como en su tierra, se pagaba aparte y de contado, y el agua caliente, controlada desde la administración, se acababa a los tres minutos. Sin embargo, Billy Sánchez tuvo bastante claridad de juicio para comprender que aquel orden tan distinto del suyo era de todos modos mejor que la intemperie de enero, y se sentía además tan ofuscado y solo que no podía entender cómo pudo vivir alguna vez sin el amparo de Nena Daconte.

Gabriel García Márquez, Doce cuentos peregrinos

Ejercicio 6.37. Identifique todas las subordinadas y coordinadas en el siguiente texto.

Hasta aquí, en su orden cronológico, la historia general de la eternidad. De las eternidades, mejor, ya que el deseo humano soñó dos sueños sucesivos y hostiles con ese nombre: uno, el realista, que anhela con extraño amor los quietos arquetipos de las criaturas; otro, el nominalista, que niega la verdad de los arquetipos y quiere congregar en un segundo los detalles del universo. Aquél se basa en el realismo, doctrina tan apartada de nuestro ser que descreo de todas las interpretaciones, incluso de la mía; éste en su contendor el nominalismo, que afirma la verdad de los individuos y lo convencional de los géneros. Ahora, semejantes al espontáneo y alelado prosista de la comedia, todos hacemos nominalismo *sans le savoir*: es como una premisa general de nuestro pensamiento, un axioma adquirido. De ahí, lo inútil de comentarlo.

Jorge Luis Borges, Historia de la eternidad

Ejercicio 6.38. Identifique todas las subordinadas y coordinadas en el siguiente texto.

Nos gustaba la casa porque aparte de espaciosa y antigua (hoy que las casas antiguas sucumben a la más ventajosa liquidación de sus materiales), guardaba los recuerdos de nuestros bisabuelos, el abuelo paterno, nuestros padres y toda la infancia.

Nos habituamos Irene y yo a persistir solos en ella, lo que era una locura, pues en esa casa podían vivir ocho personas sin estorbarse. Hacíamos la limpieza por la mañana, levantándonos a las siete, y a eso de las once yo le dejaba a Irene las últimas habitaciones por repasar y me iba a la cocina. Almorzábamos a mediodía, siempre puntuales; ya no quedaba nada por hacer fuera de unos pocos platos sucios. Nos resultaba grato almorzar pensando en la casa profunda y silenciosa y cómo nos bastábamos para mantenerla limpia. A veces llegamos a creer que era ella la que no nos dejó casarnos. Irene rechazó dos pretendientes sin mayor motivo, a mí se me murió María Esther antes que llegáramos a comprometernos. Entramos en los cuarenta años con la inesperada idea de que el nuestro, simple y silencioso matrimonio de hermanos, era necesaria clausura de la genealogía asentada por los bisabuelos en nuestra casa.

Julio Cortázar, «Casa tomada»

Ejercicio 6.39. Identifique todas las subordinadas y coordinadas en el texto siguiente.

Mucho se discutió el anonimato de este libro. Lo que yo discutía en mi interior, mientras tanto, era si debía o no sacarlo de su origen íntimo: revelar su progenitura era desnudar la intimidad de su nacimiento. Y no me parecía que tal acción fuera leal a los arrebatos de amor y furia, al clima desconsolado y ardiente del destierro que le dio nacimiento.

Por otra parte pienso que todos los libros debieran ser anónimos. Pero entre quitar a todos los míos mi nombre o entregarlo al más misterioso, cedí, por fin, aunque sin muchas ganas.

. . . Entrego, pues, este libro sin explicarlo más, como si fuera mío y no lo fuera: basta con que pudiera andar solo por el mundo y crecer por su cuenta. Ahora que lo reconozco espero que su sangre furiosa me reconocerá también.

Pablo Neruda, *Los versos del capitán*

Ejercicio 6.40. Identifique todas las subordinadas y coordinadas en el poema siguiente:

CUANDO YO DECIDI . . .

Cuando yo decidí quedarme claro
y buscar mano a mano la desdicha
para jugar a los dados,
encontré la mujer que me acompañaron
a troche y moche y noche,
a nube y a silencio.

Matilde es ésta,
ésta se llama así,
desde Chillán,
y llueva
o truene o salga
el día con su pelo azul
o la noche delgada,
ella,
déle que déle,
lista para mi piel,
para mi espacio,
abriendo todas las ventanas del mar
para que vuele la palabra escrita,
para que se llenen los muebles

de signos silenciosos,
de fuego verde.

Pablo Neruda, *El mar y las campanas*

CAPITULO VII:

EJERCICIOS DE REPASO

Ejercicio 7.1. Complete las oraciones siguientes con la forma adecuada del verbo. Indique el tipo de subordinación o coordinación. Luego exprésalas con una construcción equivalente.

1. O bien me pides perdón, o bien _____ (irse) y no _____ (volver) nunca más.

2. Esa película es muy famosa; con todo, (yo) la _____ (encontrar) muy aburrida.

3. La persona que _____ (hacer) esta presentación mañana tendrá que leer estos dos artículos.

4. Estas manzanas están muy sabrosas a pesar de que no _____ (madurar) todavía.

5. No toma ahora las vacaciones con vistas a que se las _____ (dar) en Navidad.

6. Con lo guapa que _____ (ser), no entiendo por qué se empeña en _____ (vestirse) así.

7. Nos contó tales mentiras que nos _____ (dejar) estupefactos.

8. Si yo _____ (ser) tú, yo no _____ (subir) al monte.

9. ¿Conoces a alguien que _____ (saber) leer chino?

10. Intentó alcanzar el autobús, pero no lo _____ (conseguir).

11. Sudé que _____ (parecer) que _____ (salir) de un sauna.

12. Está cansado de tanto que _____ (caminar) por el centro.

13. De haber tenido más tiempo, _____ (ir) a Colombia.

14. Que José no te _____ (decir) la verdad cuando habló contigo me preocupa.

15. Háblale de manera que no _____ (enojarse).
16. Le preocupa el rumor de que su padre _____ (robar) un banco antes de que él _____ (nacer).
17. María, que _____ (tener) muchos amigos, es una persona muy solitaria.
18. Te visitaré siempre que me _____ (cocinar) algo rico.
19. No estaba contento con que lo _____ (dejar) solo anoche.
20. Cuando (yo) _____ (llegar) ayer, ya _____ (servir) la comida.
21. Cantaba siempre que _____ (bañarse).
22. Por flacos que _____ (ser), no les cabrán estas camisas.
23. Repitió lo que dijo, no _____ (ir) a ser que el público no le _____ (entender) bien.
24. Entra, que _____ (hacer) frío.
25. Ven que te _____ (abrochar) la camisa.
26. De lo alto que _____ (ser), no cabía en la cama.
27. Con las notas que _____ (tener), no entiendo por qué reprobó el examen.
28. Como no _____ (llegar) su hijo, llamó a la policía.
29. ¿Por qué crees que nadie te _____ (querer)?
30. No conocí a nadie que la _____ (querer) tanto como José.
31. Reconozco que (yo) _____ (estar) enamorado, pero no creo que _____ (perder) la cabeza por ella todavía.
32. No había quien _____ (tener) la paciencia de ese profesor.
33. Hablé con los pocos estudiantes que _____ (ir) al museo el domingo pasado.
34. _____ como _____ (hablar, él), todos sabían que _____ (ser) extranjero.
35. Cuanto más español _____ (practicar) con tus amigos, mejor hablarás.
36. Quienquiera que _____ (ser), creo que esa mujer _____ (ser) una maleducada.
37. Fui a que (ellos) me _____ (decir) a qué hora _____ (salir) el tren.
38. Hagamos todos los ejercicios, no _____ (ir) a venir el profesor y nos _____ (hacer) hacer los ejercicios que no _____ (preparar).
39. ¡Traduzcan las oraciones a medida que las _____ (leer)!
40. Cada vez que (yo) _____ (ver) la luna, me acordaré de ti.

41. Mientras tú no _____ (salir) del cuarto, no me quitaré el vestido.

42. No diré nada salvo que (tú) me _____ (pagar) mucho dinero.

43. Como Marta _____ (ver) que atacaban a su novio, se puso a gritar.

44. No te llamo porque _____ (querer) pedirte un favor, sino porque _____ (necesitar) hablar contigo.

45. Se los comió todos, pues le _____ (encantar) los camarones.

46. Dejó de fumar porque le _____ (doler) los pulmones.

47. Era tan flojo que nunca _____ (hacer) los ejercicios que asignaba el profesor.

48. No leíste todos los libros. Pero aun en el caso de que los _____ (leer), no _____ (poder) sacar más de un 70% en ese examen de lo difícil que _____ (ser).

49. Mis hijos salieron a la calle; y eso que yo se lo _____ (prohibir).

50. Tú no eres mi novio, pero aunque tú lo _____ (ser), yo no te _____ (permitir) que tú me _____ (hablar) así.

51. José dijo que el examen sería fácil, pero el que lo _____ (decir) él, no significa que (nosotros) _____ (deber) estudiar menos.

52. Por inteligente que (tú) _____ (ser), jamás lograrás engañarme.

53. Estacionamos el coche donde _____ (poder).

54. Estacionemos el coche donde _____ (poder).

55. Salió a que el doctor le _____ (hacer) un examen.

56. Para que Susana _____ (castigar) a su hijo, tenía que haber estado muy enojada.

57. Hay luz en el cuarto, de modo que (ellos) _____ (deber) estar en casa.

58. _____ lo que _____ (pedir) para Navidad, sus padres siempre le regalaban un libro.

59. A medida que _____ (ir) creciendo, va comprendiendo mejor a sus padres.

60. No conseguimos mover el coche, y eso que el coche no _____ (estar) enganchado.

61. No eres guapo, pero aunque lo _____ (ser), jamás me casaría contigo.

62. Dijo que por mucho que ellos _____ (estudiar), jamás habrían sacado una buena nota en el examen.

63. Marta no vino ayer, pero aunque _____ (venir), yo no habría conversado con ella.

64. Por bueno que esté el tiempo, Marta jamás _____ (salir) sin su chaqueta de cuero.

65. Siempre se resfriaba, si bien _____ (tomarse) 1000 gramos de vitamina C al día.

66. _____ o no _____ (ponerse) suéter, te dará frío cuando vayas al monte.

67. Es tan bobo que _____ (creer) que la luna es de queso.

68. No estará tan enojado que no _____ (querer) hablar contigo.

69. Vámonos, no _____ (ser) que _____ (pasársenos) el autobús.

70. Llamaré a José para _____ (invitarlo) a una fiesta.

71. Marta me esperó en pie hasta que (yo) _____ (llegar) a casa.

72. Josefina estudia mucho, sin embargo no _____ (lograr) aprobar ese curso.

73. En invierno, ya _____ (ser) llueve, ya _____ (ser) hace sol, pero nunca hace calor.

74. José, con quien _____ (asistir) a la universidad en 1990, es mi mejor amigo.

75. Tomó arsénico; por consiguiente, _____ (morirse).

76. Siempre que Roberto me _____ (escribir), manda recuerdos para ti.

77. Envíale mis recuerdos siempre que le _____ (escribir).

78. Este coche no corre sino que _____ (volar).

79. De lo furioso que _____ (estar), casi no podía hablar.

80. No me gusta la posibilidad de la que _____ (hablar) el presidente.

81. No me gusta la posibilidad de que _____ (hablar) el presidente.

82. Pienso, luego _____ (existir). Y luego me pregunto, ¿por qué _____ (existir)?

83. De ser correcto lo que _____ (decir) Luis, estamos en problemas.

84. Ese niño es tan glotón que _____ (querer) comerse las lentejas con las manos.
85. Protestas, cuando _____ (deber) estar agradecido.
86. Te regalo esto para que no _____ (olvidarse) de mí.
87. Lo vieron el lunes, luego no _____ (irse).
88. Te presto este casette siempre y cuando me lo _____ (devolver).
89. Tengo que ir al dentista a que me _____ (sacar) una muela.
90. No les daré mi pasaporte aunque me lo _____ (exigir).
91. Te traje esto porque (tú) _____ (ver) que te quiero mucho.
92. Es más listo de lo que _____ (parecer).
93. Ahorra dinero, que (nosotros) _____ (poder) irnos de vacaciones al Caribe el próximo verano.
94. Apenas _____ (terminar) mi tarea, salí de casa.
95. _____ quien _____ (venir), no abras la puerta.
96. ¡Cómete esa manzana y _____ (enfermarse)!
97. Que Alejo no _____ (saber) nada es obvio.
98. Se enfermó de tanto _____ (llorar).
99. Acuéstate, que _____ (ser) muy tarde.
100. Estoy muy contento de que Uds. _____ (aprender) tanta gramática este semestre.

Ejercicio 7.2. Identifique las construcciones entre corchetes. Luego expréselas con una estructura equivalente.

1. [Leyendo a ese poeta], me di cuenta de la gran influencia de Neruda en su obra.
2. [Regresando tan tarde], harás que tus padres se preocupen.
3. [Aun conduciendo a 120 kilómetros por hora], no llegaremos a tiempo.
4. [Sobornando al botones y todo], no pudo entrar al hotel.
5. [Con tanto dinero], yo también sería filántropo.
6. [Aun con mirarme así], no me convencerás que te dé dinero para cigarros.
7. [Con lo atareado que estaba], siempre tenía tiempo para discutir con nosotros.
8. [Con lo atareado que estaré], dudo que tenga tiempo para salir con Uds.
9. [Con la de novias que tiene], creo que se va a quedar soltero.
10. [Con la de novias que tiene], todos creen que es un don Juan.
11. Ordena la casa, [no sea que venga alguien y te encuentre en este desorden].
12. [De tener ese casette], te lo prestaría.
13. [Habiendo escrito las cartas], las llevó al correo.

14. [Al salir a la calle], se dio cuenta de que no se había puesto zapatos.
15. No contestes así, [no digan que eres un maleducado].
16. [Publicado el libro], se sentirá muy orgulloso.
17. Ese libro, [publicado en España], habría tenido más éxito.
18. Vendió las acciones que tenía, [no fuera a ser que bajaran de precio].
19. Que no tuviera novio y [me casaría con ella].
20. [Por muchas veces que se lo digas], nunca entiende.
21. [De habernos reconocido], nos habría saludado.
22. [De lo contento que estaba], se reía solo.
23. [De tanto que bebió], todavía anda con resaca.
24. Se enfermó [de tanto beber].
25. Lloró [que nos dejó tristes a todos].
26. ¡Tómate la sopa y te puedes levantar de la mesa!
27. ¡Tómate la sopa o te vas a acostar!
28. [Cante alto o bajo], siempre canto muy desafinado.
29. [Me lo diga quien me lo diga], nadie me hará cambiar de parecer.
30. Cállate, [que no puedo oir bien las noticias].
31. Cállate, [que pueda oir mejor las noticias].
32. ¡[Lo callada que está Josefina]!
33. Cuando llegué, el pobre Pedro estaba [trabaja que trabaja].

Ejercicio 7.3. Complete las oraciones siguientes lógicamente. Luego indique el tipo de subordinación o coordinación.
1. Acuéstate, que . . .
2. Nunca me invitó ni a una cerveza a pesar de que . . .
3. No logró decir una palabra de lo . . .
4. Llegué una hora antes con vistas a que . . .
5. Marta sale con otros chicos aunque . . .
6. Esta clase sería más divertida si . . .
7. Cojea de tal manera que . . .
8. No cojea de manera que . . .
9. Hoy María está enferma, así que . . .
10. Decía puros insultos, de tanto(a)(s). . .
11. Quédate tranquilo, que . . .
12. Se va a enojar contigo como . . .
13. Pasarán dos años primero que . . .
14. No cabía en la butaca del cine de tan . . .
15. Hoy es sábado, por lo tanto . . .
16. Hoy no iré al cine a menos que . . .
17. No entiendo cómo se puede sentir tan sola con los . . .

18. Escribe muy bien en español si bien . . .
19. Entra que . . . (causal)
20. Entra que . . . (final)
21. Con que . . . , sacarás mejores notas.
22. Estás tan alto que . . .
23. Dijo «hasta mañana», luego . . .
24. Está afónico de lo mucho . . .
25. Siempre que . . . , me pregunta cómo estás.
26. Como . . . , pensé que estaba durmiendo.
27. Le dio tanto susto que . . .
28. . . . . , solucionarás tus problemas.
29. . . . . lo que . . . . , siempre lo culpaban a él de todos los desastres en la casa.
30. . . . y verás que está sentida contigo.
31. No puedo respirar de . . .
32. Va corriendo de tal modo que . . . (consecutiva)
33. Va corriendo de tal modo que . . . (final)
34. Ya que . . . , decidimos ir a la playa.
35. Al . . . , comete muchos errores de ortografía.
36. Desde que . . . , no nos mandado ni una postal.
37. Por mucho . . . , no te dejaré ver ese programa de televisión.
38. Hablarás mejor español si . . .
39. Ponle la inyección . . . . o no . . . .
40. De . . . , casi no podía conducir.
41. Tengo los zapatos rotos de . . .
42. Cuando . . . , yo ya lo sabía.
43. Puesto que . . . , no te lo devolveré.
44. No tengo ganas de bromear, así es que . . .
45. Tiene tantas deudas que . . .
46. Te enfermarás como . . .
47. Di eso y . . .
48. Apenas me dieron la mitad cuando . . .
49. Vengo a . . .
50. Esa señora habrá sido delgada, pero . . .
51. Con que . . . , yo estaría más que satisfecho.
52. . . . , no conseguirás lo que quieres.
53. Conoce el Quijote hasta el punto que . . .
54. Tomó sol hasta que . . .
55. Por poco que . . . , te haces daño a la salud.
56. . . . . lo que . . . . , iré a la fiesta.

57. Lo insultó de modo que . . . (consecutiva)
58. Lo insultó de modo que . . . (final)
59. Con lo . . . , cree todo lo que le dicen.
60. Por . . . , no te creerá esa mentira.
61. Saldré contigo siempre que . . . (condicional)
62. Salía con ella siempre que . . . (temporal)
63. Como . . . , me enojaré contigo. (condicional)
64. Como . . . , te la explicaré nuevamente. (causal)
65. Lo llamó porque . . . (final)
66. Lo llamó porque . . . (causal)
67. Le escribió de manera que . . . (final)
68. Le escribió de manera que . . . (consecutiva)
69. Ven que . . . (final)
70. Ven que . . . (causal)
71. . . . y todo, salió mal en el examen.
72. Con . . . , yo también sería muy inteligente.
73. Veía la televisión mientras . . .
74. Cállate, no . . .
75. De . . . , el profesor se enojará mucho.
76. De tan . . . , no le entraban los pantalones nuevos.
77. En caso de que . . . , sabrás la respuesta.
78. Comió tanto que . . .
79. Comió de tal manera que . . .
80. Le pegó de tal manera que . . . (consecutiva)
81. Le pegó de tal manera que . . . (final)
82. No le pegó de manera que . . .
83. No bosteces, no . . .
84. Aunque . . . , jamás habría hecho semejante cosa.
85. Entendimos la gramática tradicional a fuerza de . . .
86. Vivirá donde . . .
87. Lo pronunció tal como . . .
88. Se iba enojando según que . . .
89. . . . , se puso el abrigo y se marchó.
90. Postuló a una beca con la intención de . . .
91. Nadó hasta el punto que . . .
92. Si . . . , leía las obras de Bakunin.
93. Te acompañaré al museo siempre y cuando . . .
94. De . . . , yo también habría estado muy preocupado.
95. No sería amigo de ellos más que si . . .
96. La seguía hasta donde . . .

97. Le dio un abrazo, mal que . . .

98. Aunque . . . , no tomaría medicina.

99. Con . . . , igual no se acostó hasta las 3 de la mañana.

100. . . . cuando . . . , siempre despierto a las 7 en punto.

Ejercicio 7.4. Explique la diferencia, donde la haya, entre los siguientes grupos
de oraciones.

(1)a. Se venden revistas.

   b. Se vende revistas.

   c. Se vendió revistas.

   d. Se vendieron revistas.

(2)a. ¿Crees que está enferma Rocío?

   b. ¿Crees que esté enferma Rocío?

(3)a. Debe de saber la respuesta.

   b. Debe de haber sabido la respuesta.

(4)a. No sé si saldré esta tarde.

   b. No sé si salga esta tarde.

(5)a. Le dijo cuándo llegaría.

   b. Le dijo que cuándo llegaría.

   c. Le preguntó cuándo llegaría.

   d. Le preguntó que cuándo llegaría.

(6)a. Ojalá que lleguen temprano.

   b. Que lleguen temprano.

   c. ¡Lleguen temprano!

   d. ¡Llegan temprano, por favor!

(7)a. Siento que Luis es un neurótico reprimido.

   b. Siento que Luis sea un neurótico reprimido.

(8)a. ¿Te dijo que tenía un perro?

   b. ¿Te dijo que tuviera un perro?

(9)a. Les pidió llegaran temprano.

   b. Les pidió que llegaran temprano.

   c. Les pidió que lleguen temprano.

(10)a. Verás que le pido una cerilla.

   b. Verás como le pido una cerilla.

(11)a. Conozco pocos estudiantes que hablan español bien.

   b. Conozco pocos estudiantes que hablen español bien.

(12)a. Pedro le dijo que se levantaba temprano.

   b. Pedro le dijo que se levantara temprano.

(13)a. No vi que Luis se comió el queso.

   b. No vi que Luis se comiera el queso.

(14)a. Es increíble cuántos errores cometí en la composición.

    b. No sé cuántos errores cometí en la composición.

(15)a. Eso de que tienes que trabajar no te lo creo.

    b. Eso de que tengas que trabajar no te lo creo.

(16)a. Temo que no conoce a ese profesor.

    b. Temo que no conozca a ese profesor.

(17)a. La que se case con él será muy infeliz.

    b. La que se casará con él será muy infeliz.

(18)a. Lo compró para que los niños jueguen con él.

    b. Para que un niño juegue con él, no debe ser peligroso.

(19)a. Me sorprendió el hecho de que Roberto no dijo nada.

    b. Me sorprendió el hecho de que Roberto no dijera nada.

(20)a. No puedo ver lo que está encima del refrigerador.

    b. No puedo ver el que está encima del refrigerador.

(21)a. Este es el mejor chocolate que he comido.

    b. Este es el mejor chocolate que haya comido.

(22)a. La llamé de modo que se enojara.

    b. La llamé, de modo que se enojó.

    c. La llamé de modo que se enojó.

(23)a. Salta que se te pase el frío.

    b. Salta que no puede tener frío.

    c. Salta que así se te pasará el frío.

(24)a. Lo resumiré según y conforme me dicen.

    b. Lo resumiré según y conforme me digan.

(25)a. Mi hermanito siempre ve televisión mientras yo termino la tarea.

    b. No te acostarás mientras no termines la tarea.

(26)a. Si tiene dinero, lo gasta.

    b. Si tiene dinero, lo gastará.

    c. Si tuviera dinero, lo gastaría.

    d. Si tenía dinero, lo gastó.

    e. Si tuvo dinero, lo gastó.

    f. Si ha tenido dinero, lo gastó.

    g. Si hubiera tenido dinero, lo habría gastado.

(27)a. Haremos una barbacoa siempre que haga sol.

    b. Hacemos una barbacoa siempre que hace sol.

(28)a. En caso de que me llame, dile que no estoy.

    b. En caso de que me llamara, dile que no estoy.

(29)a. Aunque Pepe ha estado enfermo, . . .

    b. Aunque Pepe haya estado enfermo, . . .

    c. Aunque Pepe hubiera estado enfermo, . . .

(30)a. Como no dices nunca la verdad, nadie te cree.

    b. Como no digas nunca la verdad, nadie te creerá.

Ejercicio 7.5. Identifique todas las subordinadas y coordinadas en el siguiente texto:

No vive ya nadie . . .

    -No vive ya nadie en la casa -me dices-; todos se han ido. La sala, el dormitorio, el patio, yacen despoblados. Nadie ya queda, pues que todos han partido.

    Y yo te digo: Cuando alguien se va, alguien queda. El punto por donde pasó un hombre, ya no está solo. Unicamente está solo, de soledad humana, el lugar por donde ningún hombre ha pasado. Las casas nuevas están más muertas que las viejas, porque sus muros son de piedra o de acero, pero no de hombre. Una casa viene al mundo, no cuando la acaban de edificar, sino cuando empiezan a habitarla. Una casa vive únicamente de hombres, como una tumba. De aquí que esa irresistible semejanza que hay entre una casa y una tumba. Sólo que la casa se nutre de la vida del hombre, mientras que la tumba se nutre de la muerte del hombre. Por eso la primera está de pie, mientras que la segunda está tendida.

    Todos han partido de la casa, en realidad, pero todos se han quedado en verdad. Y no es el recuerdo de ellos lo que queda, sino ellos mismos. Y no es tampoco que ellos queden en la casa, sino que continúan por la casa. Las funciones y los actos, se van de la casa en tren o en avión o a caballo, a pie o arrastrándose. Lo que continúa en la casa es el órgano, el agente en gerundio y en círculo. Los pasos se han ido, los besos, los perdones, los crímenes. Lo que continúa en la casa es el pie, los labios, los ojos, el corazón. Las negaciones y las afirmaciones, el bien y el mal, se han dispersado. Lo que continúa en la casa, es el sujeto del acto.

César Vallejo, Poemas en prosa

Ejercicio 7.6. Identifique todas las subordinadas y coordinadas en el siguiente trozo de poema.

LA CALLE

Es una calle larga y silenciosa.
Ando en tinieblas y tropiezo y caigo
y me levanto y piso con pies ciegos
las piedras mudas y las hojas secas
y alguien detrás de mí también las pisa:
si me detengo, se detiene;

EJERCICIOS DE REPASO

si corro, corre. Vuelvo el rostro: nadie.
Todo está obscuro y sin salida,
y doy vueltas y vueltas en esquinas
que dan siempre a la calle
donde nadie me espera ni me sigue,
donde yo sigo a un hombre que tropieza
y se levanta y dice al verme: nadie.

Octavio Paz, *Libertad bajo palabra*

REFERENCIAS

Alcina Franch, J. y J. M. Blecua. 1982. *Gramática española*. Barcelona: Editorial Ariel.

Bello, A. y R. Cuervo. 1977. *Gramática de la lengua castellana*. Décima edición. Buenos Aires: Editorial Sopena argentina.

Borrego, J., J.G. Asencio y E. Prieto. 1985. *El subjuntivo*. Madrid: Sociedad general española de librería.

Campos, H. 1993. Seudo-elevación y seudo-relativas en español. *Nueva revista de filología hispánica* (por aparecer).

Camus Lineros, E. 1987. *Curso de sintaxis castellana*. Santiago de Chile: Editorial universitaria.

Contreras, H., comp. 1971. *Los fundamentos de la gramática transformacional*. México: Siglo XXI.

D'Introno, F. 1979. *Sintaxis transformacional del español*. Madrid: Cátedra.

Fente, R., J. Fernández y L. G. Feijóo. 1976. *Perífrasis verbales*. Madrid: Sociedad general española de librería.

Gili Gaya, S. 1961. *Curso superior de sintaxis española*. Barcelona: VOX.

Hernández Alonso, C. 1986. *Gramática funcional del español*. Madrid: Editorial Gredos.

Kany, C. 1969. *Sintaxis hispanoamericana*. Versión española de M. Blanco Alvarez. Madrid: Gredos.

Kovacci, O. 1969. *Castellano. Tercer curso*. Buenos Aires: Editorial Huemul.

Lázaro, F. 1983. *Curso de lengua española*. Madrid: Ediciones Anaya.

Levy, P. 1983. *Las completivas objeto en español*. México, D.F.: El Colegio de México.

Marcos Marín, F. 1980. *Curso de gramática española*. Madrid: Cincel -Kapelusz.

Onieva Morales, J. L. 1989. *Cómo dominar el análisis gramatical superior*. Quinta edición. Madrid: Editorial Playor.

Otero, C. P. 1984. *La revolución de Chomsky*. Madrid: Editorial Tecnos.

Otero, C. P. 1985. Arbitrary subjects in finite clauses. En I. Bordelois, H. Contreras y K. Zagona, comps., *Generative studies in Spanish syntax*, 81-109.

Pérez-Rioja, J.A. 1966. *Gramática de la lengua española*. Sexta edición. Madrid: Editorial Tecnos.

REFERENCIAS

Plann, S. 1975. *Relative Clauses in Spanish*. Tesis doctoral inédita. Los Angeles, Ca.: U.C.L.A.

Plann, S. 1980. *Relative clauses in Spanish without overt antecedents and related constructions*. Berkeley: University of California Press.

Plann, S. 1982. Indirect questions in Spanish. *Linguistic Inquiry* 13, 297-312.

Porto Dapena, A. 1986. *Los pronombres*. Madrid: Edi-6.

Real Academia Española. 1931. *Gramática de la lengua española*. Nueva edición, reformada. Madrid: Espasa-Calpe.

Real Academia Española. 1979. *Esbozo de una nueva gramática de la lengua española*. Sexta reimpresión. Madrid: Espasa-Calpe.

Rivero, M. L. 1971. Una restricción de la estructura superficial sobre la negación en español. En Contreras 1971, comp., 91- 134.

Rivero, M. L. 1982. Las relativas restrictivas con *que*. *Nueva revista de filología hispánica* 31, 195-234, reimpreso en Rivero 1991, 35-77.

Rivero, M. L. 1991. *Las construcciones de relativo*. Madrid: Taurus universitaria.

Roa Bleck, A. 1984. *Gramática castellana*. Santiago de Chile: Editorial salesiana.

Salvá, V. 1988. *Gramática de la lengua castellana según ahora se habla*. Estudio y edición de Margarita Lliteras. Volúmenes I y II. Madrid: Arco/Libros.

Solé, Y. y C. Solé. 1977. *Modern Spanish Syntax*. Lexington, Mass.: D. C. Heath and Co.

Subirats-Rüggeberg, C. 1987. *Sentential complementation in Spanish*. Amsterdam: John Benjamins.

Suñer, M. 1982. *Presentational sentences in Spanish*. Washington, D.C.: Georgetown University Press.

Suñer, M. 1990. El tiempo en las subordinadas. En I. Bosque, comp., *Tiempo y aspecto en español*. Madrid: Cátedra. 77-105.

INDICE ANALITICO